वशिष्ठ अनूप

जन्म : एक जनवरी 1962, ग्राम सहड़ौली, पो. फरसाड़-साऊँखोर (बड़हलगंज), गोरखपुर, उ.प्र.।

प्रकाशित साहित्य : कविता, गीत, ग़ज़ल, समालोचना और सम्पादन सहित कुल 55 पुस्तकें प्रकाशित।

ग़ज़ल और गीत संग्रह : *स्वप्न के बाद, बंजारे नयन, रोशनी ख़तरे में है, बेटियों के पक्ष में, रोशनी की कोपलें, अच्छा लगता है, मशालें फिर जलाने का समय है, तेरी आँखें बहुत बोलती हैं, इसलिए, घरों पर गिद्ध मँडराने लगे हैं, गर्म रोटी के ऊपर नमक-तेल था, बारूद के बिस्तर पर।*

आलोचना पुस्तकें : *समकालीन कविता के प्रतिमान, आधुनिक हिन्दी कविता की वैचारिक पृष्ठभूमि और सृजन, हिन्दी कविता के प्रमुख विमर्श, कविता के जनवादी स्वर, जगदीश गुप्त का काव्य-संसार, हिन्दी ग़ज़ल का स्वरूप और महत्त्वपूर्ण हस्ताक्षर, हिन्दी ग़ज़ल की प्रवृत्तियाँ, हिन्दी गीत का विकास और प्रमुख गीतकार, हिन्दी साहित्य का अभिनव इतिहास, गीत का आकाश, हिन्दी भाषा, साहित्य एवं पत्रकारिता का इतिहास, हिन्दी की जनवादी कविता, अँधेरे में एक पुनर्विचार, असाध्यवीणा की साधना, उर्दू के प्रतिनिधि शायर और उनकी शायरी, लोकसाहित्य का मर्म* इत्यादि।

सम्मान एवं पुरस्कार : दो दर्जन से अधिक राष्ट्रीय और अन्तरराष्ट्रीय सम्मान एवं पुरस्कार।

कुछ गीत फ़िल्मों और धारावाहिकों में, कुछ गीत और ग़ज़लें कई विश्वविद्यालयों के पाठ्यक्रमों में शामिल। कुछ कविताओं का अन्य भाषाओं में अनुवाद। ग़ज़लों और गीतों पर कई विश्वविद्यालयों में पीएच.डी., एम.फिल. और लघुशोध कार्य। साहित्यिक पत्रिका 'शब्दार्थ' का सम्पादन।

सम्प्रति : प्रोफ़ेसर एवं अध्यक्ष, हिन्दी विभाग, बीएचयू।

सम्पर्क : 204/11, राजेन्द्र अपार्टमेंट, रोहितनगर (नरिया), वाराणसी-221005

मो. : 9415895812

ईमेल : vanoopbhu09@gmail.com

'मेरी कविता बग़ावत-बिगुल है, निर्बलों की दुहाई नहीं है।' और 'ये ग़ज़ल ग़ज़ालचश्मों से गुफ़्तगू नहीं है, यह है मेरे अहद के ज़ख़्मों की तर्जुमानी।' या 'कहते हैं ग़ज़ल जिसको शबनम भी है, शोला भी, आक्रोश है धनिया का, होरी का पसीना है।' जैसे शेरों के द्वारा अपने काव्य के सरोकारों की घोषणा करने वाले प्रो. वशिष्ठ अनूप हिन्दी ग़ज़ल की पहली क़तार से प्रतिष्ठित रचनाकार हैं। वह हिन्दी साहित्य के विरल साहित्यकार हैं जो जितने संवेदनशील और व्यापक दृष्टि वाले कवि हैं उतने ही कुशल, गम्भीर और दृष्टि सम्पन्न आलोचक भी हैं।

एक पाठक के रूप में वशिष्ठ अनूप की ग़ज़लों में विषयवस्तु की ताज़गी और साफ़गोई हमें बहुत प्रभावित करती है। मुझे लगता है कि महान ग़ज़लकार दुष्यन्त कुमार शहरी और राजनीतिक चेतना के कवि थे तथा जनकवि अदम गोण्डवी मूलत: ग्रामीण चेतना के प्रखर कवि थे। वशिष्ठ अनूप गाँव और शहर दोनों का प्रतिनिधित्व करते हैं। उनमें दुष्यन्त और अदम दोनों की ख़ूबियाँ देखी जा सकती हैं। वह जितने गाँव के हैं, उतने ही शहर के भी। वह कहते भी हैं—

डालियाँ दूर शहरों में फैलें भले,
पर जड़ों के लिए गाँव-घर चाहिए।

हर श्रेष्ठ कवि और भले इन्सान की तरह प्रो. अनूप भी अपनी परम्परा और अपनी संस्कृति की अच्छाइयों और आदर्श मूल्यों को साथ लेकर आगे बढ़ना चाहते हैं। अपनी ग़ज़लों में भी वे अपने आदर्श और प्रेरक कवियों की तलाश करते हैं, उनमें डूबते हैं और उनकी सकारात्मकता को लेकर आगे बढ़ना चाहते हैं—

तुलसी के जायसी के, रसखान के वारिस हैं,
कविता में हम कबीर के ऐलान के वारिस हैं।
हम सीकरी के आगे माथा नहीं झुकाते,
कुम्भन की फ़क़ीरी के अभिमान के वारिस हैं।

जब वह नारी रूप का चित्रण करते हैं तो एक से एक ख़ूबसूरत बिम्बों, प्रतीकों और उपमानों की झड़ी लगा देते हैं जिनमें नये और पुराने हर प्रकार के उपमान शामिल होते हैं। उन्होंने तमाम पारम्परिक उपमानों को भी नयी ज़िन्दगी दी है। यह रूप-वर्णन कभी अत्यन्त सूक्ष्म और अशरीरी-सा होकर आध्यात्मिकता का स्पर्श करने लगता है और कभी धरती पर चलती-फिरती रूप-राशि का जीवन्त वर्णन लगता है। कुछ उदाहरण देखें—

ख़्वाबों को जैसे सच में बदलते हुए देखा,
मैंने ज़मीं पे चाँद उतरते हुए देखा।
देखा कि एक फूल बोलता है किस तरह,
होंठों से हर सिंगार को झरते हुए देखा।

वशिष्ठ अनूप ने अपनी लम्बी रचना यात्रा और व्यापक व बहुआयामी सृजन के दौरान कई कालजयी ग़ज़लें कही हैं। हमारे समय की मुश्किलें, रोज़मर्रा की उलझनें, पारिवारिक और सामाजिक जीवन की खींचतान, राजनीतिक अधोपतन, सम्बन्धों का बिखराव और विश्वासहीनता, आधुनिक महापुरुषों और महात्माओं का पतन व कथनी-करनी का अन्तर, इन सबके बीच पिसते व घुटते हुए आदमी का जीवन-संघर्ष, प्रकृति की चिन्ताएँ और इन सबके साथ एक स्वस्थ समाज व बेहतर संसार के निर्माण की कोशिशें उनकी ग़ज़लों का केन्द्रीय कथ्य हैं। माँ, पिता, बेटी, बच्चे, नदी, पेड़, पहाड़, पक्षी, पर्व आदि पर भी उन्होंने बेमिसाल शेर लिखे हैं। उनकी तमाम ग़ज़लों के साक्ष्य के आधार पर हम कह सकते हैं कि इस दौर में वशिष्ठ अनूप की ग़ज़लें हिन्दी की प्रतिनिधि ग़ज़लें हैं। उनकी काव्य-भाषा आम जनजीवन की बहती और बोलती बतियाती हुई भाषा है। 'मेरी भाषा फ़ुटपाथों, खेतों-खलिहानों की' की घोषणा करने वाले अनूप जी की सादगी और सहजता ही उनकी ग़ज़लों की शक्ति और सौन्दर्य है।

—डॉ. मीनाक्षी दुबे

प्रतिनिधि ग़ज़लें

छन्द तेरी हँसी का

वशिष्ठ अनूप

वाणी प्रकाशन

प्रकाशन के उत्कृष्टतम 60 वर्ष

पेपरबैक प्रथम संस्करण : 2023

vaniprakashan.com

वाणी प्रकाशन

4695, 21-ए, दरियागंज, नयी दिल्ली-110 002

फ़ोन : +91 11 23273167, 23275710

शाखाएँ

अशोक राजपथ, पटना-800 004, बिहार

कॉफ़ी हाउस कैम्पस, महात्मा गांधी मार्ग, इलाहाबाद-211 001, उत्तर प्रदेश

महात्मा गांधी अन्तरराष्ट्रीय हिन्दी विश्वविद्यालय, वर्धा-442 001, महाराष्ट्र

36/ए, शेक्सपियर सरणी, रानी बिरला गर्ल्स कॉलेज के पास, कोलकाता-700 017, प. बंगाल

sales@vaniprakashan.in
vaniprakashan@gmail.com

Chhand Teri Hansi Ka

by Vashishth Anoop

ISBN : 978-93-5775-187-2
Ghazals

मूल्य : ₹ 225

आर. टेक ऑफ़सेट प्रिंटर्स, दिल्ली-110 032 में मुद्रित

वाणी प्रकाशन का लोगो मक़बूल फ़िदा हुसेन की कूची से

भूमिका

प्रख्यात ग़ज़ल-गीतकार वशिष्ठ अनूप जी समकालीन रचना परिदृश्य में महत्त्वपूर्ण हस्ताक्षर की तरह स्थापित हैं। इस स्थापना में उनकी अनवरत विकासमान रचना-यात्रा की ही भूमिका है, अपने को स्थापित करने के लिए इतर नुस्खों की नहीं। वे हिन्दी के ऐसे विरल ग़ज़लकार हैं, जो इस विधा के एक विश्वसनीय आलोचक भी हैं इसलिए वे अपनी रचनाओं के मिज़ाज पर एक पारखी नज़र भी रखते हैं। उनकी ग़ज़लों की तरह ही, उनकी पारखी नज़र के केन्द्रीय सरोकार हैं–प्रेम, करुणा, स्मृति और अपने आसपास का कराहता हुआ जीवन, इस कराह के बावजूद उस सहज जीवन में पलने वाले धवल दिनों के, सुखी भविष्य के सपने। वशिष्ठ जी के आठ संग्रह प्रकाशित हो चुके हैं। कथ्य और शिल्प की दृष्टि से उनकी रचना-यात्रा वैविध्य के साथ निरन्तर विकासमान रही है। वशिष्ठ जी के पाठकों ने बराबर ध्यान दिया होगा कि उनकी संवेदना, वैचारिकी और भंगिमा सांद्रतर होती गयी है। मैं उनकी रचना-यात्रा के प्रारम्भिक दिनों से उन्हें देख, सुन और पढ़ रहा हूँ इसलिए मैं पूरे अधिकार और विश्वास के साथ यह कह रहा हूँ। उनके विपुल रचना-संसार को देखते हुए, यह ज़रूरी और स्वाभाविक है कि उनकी ग़ज़लों का एक प्रतिनिधि संकलन पाठकों की सुविधा के लिए प्रकाशित हो।

वशिष्ठ जी राजमहलों में पलने वाली इस विधा को 'झोंपड़ी की दुलारी' बनाने में लगे हुए हैं। ग़ज़ल की इस यात्रा ने हिन्दी समुदाय में इसे लोकप्रिय बनाया है। वशिष्ठ जी की ग़ज़लों के केन्द्र में शहराती शिक्षित सुविधाजीवी सुखासीन तथाकथित उच्चवर्ग या यथास्थितिवादी झपट्टेमार आत्मकेन्द्रित मध्यवर्ग की फ़ितरत में बसी हुई हुस्न और इश्क़ की अदाएँ और उस पर जान न्यौछावर करने वाली तात्कालिक भावुकता नहीं है, बल्कि श्रमजीवी किसानों-मज़दूरों के जीवन को जीने के लिए किया जाने वाला संघर्ष है। मूल्यों की रक्षा के लिए अपने को दाँव पर लगाते रहने वाले समुदाय की कठिनाइयाँ हैं, विसंगतियाँ हैं और विडम्बनाएँ हैं। उनकी इन ग़ज़लों को पढ़ते हुए कोई भी महसूस करेगा कि वे उस जीवन-संघर्ष को प्रत्यक्ष करने वाले रचनाकार हैं जहाँ पर हर ख़ुशी की कोपलें फूटने के पहले ही सूख जाती हैं और जहाँ घर चलाने के लिए एक आदमी को रात के अँधेरे में मुँह छिपाकर ख़ून बेचना पड़ता है। यह घर चलाने

की विवशता का अभिशाप है। 'कुन्दन जड़ी गुड़िया' को देखकर अगर वशिष्ठ जी को अपने पास की लड़कियों के कान की पीतल की बाली याद आती है तो इसलिए कि उनकी चिन्ताओं के केन्द्र में व्यवस्था की मार झेल रहा आम भारतीय नागरिक है। अपने इसी कमिटमेंट से बने भाव और बोध के कारण अट्टालिकाओं पर लटकी हुई बिजली की झालरों को देखकर उन्हें मिट्टी के दियों वाली दिवाली याद आती है। वशिष्ठ जी को जब भोली बालिका की सहज पवित्र मुस्कान भोर की किरण की तरह लगती है तो पाठक का मन उजले दिनों के सपनों से विभोर हो जाता है।

प्रेम की स्मृतियों में डूबते-उतराते अनूप जी उसी में डूब नहीं जाते हैं, उन स्मृतियों को सहेजते हुए बहनों-बेटियों की इज़्ज़त की चिन्ता तक जाते और ले जाते हैं। ग़ज़लों में बहन-बेटियों की मासूमियत की, उनके प्रेम, समर्पण और दायित्व-बोध की चर्चा तो पहले भी हुई है, पर वशिष्ठ जी के यहाँ अपने घरों में ही नहीं राजधानी की सड़कों पर भी डरी हुई बेटियों का ज़िक्र है। यह कोई सूक्ष्म संकेत या दृश्यों में कही गयी बात नहीं है बल्कि खुलकर अपनी सोची ज़मीन पर अनाचार की खेती करने वालों पर किया गया प्रतिरोधी वार है। वशिष्ठ जी की ग़ज़लें यथार्थ के इस विसंगति बोध तक जाती हैं जहाँ 'हर बदचलन अब आचरण की बात करता है।' जनता की गाढ़ी कमाई का रक्त सिर्फ़ व्यवसायी या पूँजीपति नहीं पी रहे हैं बल्कि सोने-चाँदी के सिंहासन पर बैठने वाले बाबा भी पी रहे हैं और वे हमें 'इस संसार को माया हिरण' बताने में लगे हुए हैं। 'जनकपुर में सीताहरण' की बात करना कितनी बड़ी त्रासदी है; हम अनुभव कर सकते हैं। जन्नत की हूरें वशिष्ठ जी को लुभाती नहीं हैं क्योंकि वे ज़मीन क़ो जन्नत बनाने के हसीन सपने के शायर हैं। ग़ालिब को भी उनमें कोई आकर्षण नहीं दिखा था, पर उसका कारण ग़ालिब के यहाँ वह नहीं है जो वशिष्ठ अनूप के यहाँ है।

वशिष्ठ जी की ग़ज़लें, हमें अपनी स्मृतियों में तैरने का अवसर तो देती हैं, पर उसमें डूब जाने की स्थिति नहीं आने देती हैं। उनके यहाँ प्रेम, करुणा, यथार्थ और स्वप्न अलग-अलग भी दिखाई देते हैं और गुत्थमगुत्था भी। जीवन के संघर्ष हैं तो उससे मिलने वाली परिवर्तन की ऊर्जा भी। वे बारूद के बिस्तर की चर्चा भी करते हैं और याद भी दिलाते हैं कि यह समय मशालें जलाने का है। ये ग़ज़लें हमारे समय और समाज की हक़ीक़त को साफ़-साफ़ कहने वाली भाषा और शिल्प की हैं। ये ग़ज़लें बेटियों के पक्ष में हैं, रोशनी के ख़तरे को भाँपते हुए उससे उबरने का स्वप्न परोसने वाली ग़ज़लें हैं। वशिष्ठ जी ने अपनी रचनात्मक सामर्थ्य से ग़ज़लों को एक नयी ज़मीन देने की कोशिश की है।

—चित्तरंजन मिश्र

अनुक्रम

तुलसी के, जायसी के, रसखान के वारिस हैं

तुलसी के, जायसी के, रसखान के वारिस हैं,
कविता में हम कबीर के ऐलान के वारिस हैं।

हम सीकरी के आगे माथा नहीं झुकाते,
कुम्भन की फ़क़ीरी के, अभिमान के वारिस हैं।

सीने में दिल हमारे आज़ाद का धड़कता,
हम वीर भगत सिंह के बलिदान के वारिस हैं।

एकलव्य का अँगूठा कुछ पूछता है हरदम,
हम तीर कमानों के सन्धान के वारिस हैं।

हमने समर में पीठ दिखायी नहीं कभी भी,
आल्हा के हम सहोदर, मलखान के वारिस हैं।

गदोरी पर रची मेहँदी की लाली याद आती है

गदोरी पर रची मेहँदी की लाली याद आती है,
मुझे अक्सर वो लड़की भोली-भाली याद आती है।

किसी कुन्दन-जड़ी गुड़िया को जब भी देखता हूँ मैं,
किसी के कान की पीतल की बाली याद आती है।

तुम्हारी बोलती ख़ामोशियाँ महसूस करता हूँ,
वो फूलों से भरी ख़ुशरंग डाली याद आती है।

बहुत-सी बिजलियों की झालरें आँखों में जब चुभतीं,
वो मिट्टी के दियों वाली दिवाली याद आती है।

नयी तहज़ीब जब निर्वस्त्र होती जा रही दिन-दिन,
सलीकेदार औरत गाँव वाली याद आती है।

शहर के होटलों में रोटियों के दाम जब पढ़ता,
मुझे ममता-भरी वो घर की थाली याद आती है।

महल में बैठकर वह आमजन की बात करता है

महल में बैठकर वह आमजन की बात करता है,
कोई आवारा मीरा के भजन की बात करता है।

तेरे मुँह से सितम के ख़ात्मे की बात यूँ लगती,
स्वयं रावण ही ज्यों लंका दहन की बात करता है।

नहीं महफ़ूज़ हैं अब बेटियाँ अपने घरों में भी,
जनकपुर में कोई सीताहरण की बात करता है।

मुखौटे में छिपे हर रहनुमा चेहरे का ये सच है,
वो छूकर बर्फ़ तेज़ाबी जलन की बात करता है।

हमारे दौर में अच्छे-बुरे का फ़र्क़ है मुश्किल,
यहाँ हर बदचलन अब आचरण की बात करता है।

जो बाबा बैठता है सोने-चाँदी के सिंहासन पर,
वो इस संसार को माया-हिरन की बात करता है।

चाँदनी दिल तेरा भी दुखाती है क्या?

चाँदनी दिल तेरा भी दुखाती है क्या?
याद मेरी कभी तुझको आती है क्या?

देख हंसों का जोड़ा कहीं पर मगन,
दर्द की इक नदी खदबदाती है क्या?

चाँदनी रात में चाँद को देखकर,
तू भी मेरी तरह छटपटाती है क्या?

क्या कभी फूल काँटों-सा चुभता तुझे,
कोई शबनम उँगलियाँ जलाती है क्या?

ख़ूबसूरत लटों को पकड़ हाथ में,
आज भी उँगलियों में घुमाती है क्या?

बोलने में है कंजूस क्या आज भी,
अब भी आँखों से सब कुछ बताती है क्या?

तेरी गलियों में अब भी भटकता है मन,
तू कभी मेरी गलियों में आती है क्या?

कुछ भी कहने से पहले बहुत सोचना,
आज भी बात करते लजाती है क्या?

सुन के कोयल का दिलकश तराना कभी,
सुर में सुर उसके अब भी मिलाती है क्या?

तेरी ज़ुल्फ़ों से तो खेलता था पवन,
अब भी आँचल हवा में उड़ाती है क्या?

नींद अक्सर उड़ाती हैं यादें तेरी,
सच बताना तुझे नींद आती है क्या?

हुस्न वो सादगी का मुझे याद है

हुस्न वो सादगी का मुझे याद है,
छन्द तेरी हँसी का मुझे याद है।

तेरी आँखें हैं प्यारी ग़ज़ल की तरह,
हर वरक़ शायरी का मुझे याद है।

लाज भीगे नयन, लोच खाता बदन,
रूप वह चाँदनी का मुझे याद है।

एक मुस्कान जैसे किरन भोर की,
गुनगुनाना परी का मुझे याद है।

तू जो बोले तो बुलबुल चहकने लगे
बोलना बाँसुरी का मुझे याद है।

लब हिले भी नहीं, सब बयाँ हो गया,
हुस्न जादूगरी का मुझे याद है।

स्वर्ग उतरा है, उतरेगा फिर भूमि पर,
क्या हुआ उर्वशी का मुझे याद है।

राह बनती है पर्वत के सीने में भी,
हौसला आदमी का मुझे याद है।

मुझको जन्नत की हूरें लुभातीं नहीं,
गन्ध-रस इस ज़मीं का मुझे याद है।

ये अँधेरे करें लाख गुमराह पर,
रास्ता रोशनी का मुझे याद है।

रंग कैसे बदलते हैं इन्सान के,
पैतरा हर किसी का मुझे याद है।

हश्र मैं इस सदी का नहीं जानता,
ज़ख़्म पिछली सदी का मुझे याद है।

बेड़ी औ ज़ंजीर की भाषा

बेड़ी औ ज़ंजीर की भाषा,
सन्-सन् चलते तीर की भाषा।

मुझे नहीं अच्छी लगती है,
सत्ता की, शमशीर की भाषा।

सीख रहा हूँ धीरे-धीरे,
तुलसी और कबीर की भाषा।

काश! मुझे भी मिल जाती वह,
शहद-सी मीठी मीर की भाषा।

मन होता है जाकर सीखूँ,
सन्तों, पीर-फ़क़ीर की भाषा।

मशालें जो हम-तुम जलाये हुए हैं

मशालें जो हम-तुम जलाये हुए हैं,
अँधेरे बहुत तिलमिलाये हुए हैं।

उन्हें खल रही है ये हिम्मत हमारी,
कि क्यों लोग परचम उठाये हुए हैं।

दिलों में कोई आग दहकी हुई है,
पलाशों के मुँह तमतमाये हुए हैं।

हमारे पसीने की आभा है इनमें,
जो गुल लान में मुस्कराये हुए हैं।

ये बेख़्वाब आँखें, ये बेजान चेहरे,
उन्हीं ज़ालिमों के सताये हुए हैं।

अजब है जो निकले थे ज़ुल्मत मिटाने,
वे दरबार में सर झुकाये हुए हैं।

मेरी हर ग़ज़ल हर कहानी में तुम हो

मेरी हर ग़ज़ल हर कहानी में तुम हो,
मेरी ज़िन्दगी! ज़िन्दगानी में तुम हो।

तुम्हीं तुम हो साँसों की लय में हमेशा,
मेरी धड़कनों की रवानी में तुम हो।

सुबह झील में तुमको देखा कमल-सा,
निशा में लगा रातरानी में तुम हो।

कन्हैया की मुरली में तुम गा रही थीं,
हमेशा लगा राधारानी में तुम हो।

तुम्हीं तो थी मीरा की दीवानगी में,
है लगता कि सन्तों की बानी में तुम हो।

तुम्हें गंगा-यमुना की लहरों में देखा,
धरा के वसन धानी-धानी में तुम हो।

हमेशा रंग बदलने की कलाकारी नहीं आती

हमेशा रंग बदलने की कलाकारी नहीं आती,
बदलते दौर की मुझको अदाकारी नहीं आती।

जिसे तहज़ीब कहते हैं, वो आते-आते आती है,
फ़क़त दौलत के बलबूते रवादारी नहीं आती।

हज़ारों महल बनवा लो, बहुत-सी गाड़ियाँ ले लो,
अगर किरदार बौना है, तो ख़ुद्दारी नहीं आती।

कभी घनघोर अँधियारा भी जीवन में ज़रूरी है,
अमावस के बिना पूनम की उजियारी नहीं आती।

निगाहों में निगाहें डाल सच कहने की आदत है,
ज़माने की तरह से मुझको ऐयारी नहीं आती।

बुढ़ापा सब पे आता है, बुढ़ापा सब पे आयेगा,
भले होते हैं गर बच्चे, तो लाचारी नहीं आती।

क़लम के साथ ही हाथों में मेरे फावड़ा आया,
सबब यह है कि मुझको अब भी गुलकारी नहीं आती।

बहुत चुपके से कोई दिल में आकर बैठ जाता है,
कभी भी सूचना देकर ये बीमारी नहीं आती।

कोई अंगार दिल को दग्ध करता है बहुत दिन तक,
न हो यह आग तो शब्दों में चिंगारी नहीं आती।

बिजलियों का जहाँ निशाना है

बिजलियों का जहाँ निशाना है,
हाँ, वहीं मेरा आशियाना है।

आँधियाँ तेज़तर हुई जातीं,
दीप की लौ को टिमटिमाना है।

शर्त यह है कि लब हिलें भी नहीं,
और सब हाल भी बताना है।

ख़ूब पहचानता हूँ मैं ग़म को,
मेरे घर उसका आना-जाना है।

सारे इल्ज़ाम हमने मान लिये,
अब तुम्हें फ़ैसला सुनाना है।

खोया-खोया-सा सदा रहता है,
उसका अन्दाज़ शायराना है।

मरा हर रोज़, पर हर हाल में जीना नहीं छोड़ा

मरा हर रोज़, पर हर हाल में जीना नहीं छोड़ा,
तुम्हारे वास्ते मैंने, मगर क्या-क्या नहीं छोड़ा!

परख इन्सान की होती है अक्सर दो ही मौक़ों पर,
कहाँ छोड़ी न ख़ुद्दारी, कहाँ झुकना नहीं छोड़ा।

शजर ने पत्थरों की मार खायी हर बरस लेकिन,
कभी छाया नहीं छोड़ी, कभी फलना नहीं छोड़ा।

थके थे पाँव, मंज़िल दूर थी, राहें थीं पथरीली,
वचन ख़ुद को दिया था, इसलिए चलना नहीं छोड़ा।

शिकारी हैं, क़फ़स हैं, जाल हैं, मक्कारियाँ भी हैं,
परिन्दों ने कभी उड़ना, कभी गाना नहीं छोड़ा।

किसी के सुख में, उत्सव में भी मैं शामिल हुआ लेकिन,
ग़मों ने एक पल को भी मेरा पीछा नहीं छोड़ा।

बहुत ख़ामोश रहने की मेरी आदत-सी है लेकिन,
अकेले में तेरी यादों से बतियाना नहीं छोड़ा।

गाँव-घर का नज़ारा तो अच्छा लगा

गाँव-घर का नज़ारा तो अच्छा लगा,
सबको जी भर निहारा तो अच्छा लगा।

गर्म रोटी के ऊपर नमक-तेल था,
माँ ने हँस कर दुलारा तो अच्छा लगा।

अजनबी शह्र में नाम लेकर मेरा,
जब किसी ने पुकारा तो अच्छा लगा।

हर समय जीतने का चढ़ा था नशा,
अपने बच्चों से हारा तो अच्छा लगा।

एक लड़की ने बिखरी हुई ज़ुल्फ़ को
उँगलियों से सँवारा तो अच्छा लगा।

यूँ ही टकरा गयी थी नज़र राह में,
मुड़ के देखा दुबारा तो अच्छा लगा।

रेत पर पाँव जलते रहे देर तक,
जब नदी ने पखारा तो अच्छा लगा।

एक खिड़की खुली, एक परदा उठा,
झिलमिलाया सितारा तो अच्छा लगा।

दो हृदय थे, उफनता हुआ सिन्धु था,
बह चली नेह-धारा तो अच्छा लगा।

चाँद-तारों की, फूलों की चर्चा चली,
ज़िक्र आया तुम्हारा तो अच्छा लगा।

लिखना दिल का हिसाब चुपके से

लिखना दिल का हिसाब चुपके से
मुझको देना जवाब चुपके से।

मेरे ख़्वाबों में तुम चली आना
मैं भी देखूँगा ख़्वाब चुपके से।

किसने छेड़ा है मन के तारों को
दिल में बजते रबाब[1] चुपके से।

चाहता हूँ हरेक घर महके
यूँ खिले इक गुलाब चुपके से।

मैं ज़माने से छिप के देखूँगा
तुम हटाना नकाब चुपके से।

तुमको देखा तो आ गया सहसा
इक हसीं इंक़लाब चुपके से।

हर वरक पर है गुफ़्तगू तुमसे
पढ़ना दिल की क़िताब चुपके से।

दिल की दुनिया में जब भी आना हो
आइयेगा जनाब चुपके से।

10.04.2003

---

1. रबाब–सितार जैसा एक वाद्य

अगर कहना बहुत हो तो बहुत-सा छूट जाता है

अगर कहना बहुत हो तो बहुत-सा छूट जाता है,
मैं थोड़ा बोलता हूँ और ज़्यादा छूट जाता है।

चमक बाज़ार की हमको लुभाती है बहुत लेकिन,
उसी बाज़ार में घर का ख़ज़ाना छूट जाता है।

हमारे ख़्वाब फूलों से हँसी यूँ छीन लेते हैं,
खिलौने वाले हाथों से खिलौना छूट जाता है।

बहुत मज़बूत हाथों से जकड़ रखा ज़माने ने,
तुम्हारी याद जब आती, ज़माना छूट जाता है।

सफलताओं के पीछे भागना अच्छा नहीं भाई,
सफलताओं के पीछे जाने क्या-क्या छूट जाता है।

परिन्दों के लिए परवाज़ है बेहद ज़रूरी पर,
बहुत ऊँचा उड़ो तो आशियाना छूट जाता है।

तुम्हारे मन में जो बच्चा है हरदम पालते रहना,
प्रगति की जगमगाहट में ये बच्चा छूट जाता है।

तपो, तपते रहो, तपते रहे तो और चमकोगे,
किसी छाया में जब बैठे तो जज़्बा छूट जाता है।

दरवाज़े के पीपल जैसे सब सहते थे बाबूजी

दरवाज़े के पीपल जैसे सब सहते थे बाबूजी,
हमें देखकर पढ़ते-लिखते, ख़ुश दिखते थे बाबूजी।

अम्मा तो कह भी देती थीं, कभी-कभी मन की बातें,
कम खाते थे, ग़म खाते थे, चुप रहते थे बाबूजी।

पैरों में चप्पलें हमेशा, हर मौसम धोती-कुर्ता,
दुबले तन पर मज़बूती से, सब सहते थे बाबूजी।

फ़ीस, क़िताबें, होली-खिचड़ी, तीज, रज़ाई, मेला, हाट,
बुनकर के ताने-बाने-सा, सब बुनते थे बाबूजी।

घर भर की सारी ज़रूरतें गुप-चुप वह पढ़ लेते थे,
अपनी कोई भी अभिलाषा कब कहते थे बाबूजी।

नाती-पोतों की ख़ातिर वह कविता और कहानी थे,
शाम ढले तो अक्सर यादों में बहते थे बाबूजी।

खेलते मिट्‌टी में बच्चों की हँसी अच्छी लगी

खेलते मिट्‌टी में बच्चों की हँसी अच्छी लगी,
गाँव की बोली, हवा की ताज़गी अच्छी लगी।

मोटी रोटी, साग बथुए का व चटनी की महक,
और ऊपर से वो अम्मा की ख़ुशी अच्छी लगी।

अप्सराओं की सभा में, चहकती परियों के बीच,
एक ऋषिकन्या-सी तेरी सादगी अच्छी लगी।

सभ्यता के इस पतन में, नग्नता की होड़ में,
एक दुल्हन-सी तेरी पोशीदगी अच्छी लगी।

दिल ने धिक्कारा बहुत जब झुक के समझौता किया,
ज़ुल्म से जब भी लड़ी तो ज़िन्दगी अच्छी लगी।

बनारस में माना मसाइल बहुत हैं

बनारस में माना मसाइल[1] बहुत हैं,
मगर लोग सुख-दुख में शामिल बहुत हैं।

बढ़े बाल, गमछे से भ्रम में न पड़ना,
यहाँ गमछे वाले भी क़ाबिल बहुत हैं।

यहाँ लोक और वेद हैं साथ चलते,
जो हैं आम दरवेश आक़िल बहुत हैं।

भरी भीड़ सड़कें हैं, गलियों में गलियाँ,
धड़कते मगर प्यार से दिल बहुत हैं।

सरेआम घाटों पे सब लूट लेंगे,
यहाँ रामनामी में क़ातिल बहुत हैं।

बहुत हैं यहाँ डूब जाने के ख़तरे,
मगर थामने वाले साहिल बहुत हैं।

यहाँ मृत्यु को भी समझते हैं मंगल,
यहाँ दर्दोग़म की महाफ़िल[2] बहुत हैं।

---

1. समस्याएँ, 2. महफ़िलें

कबीरा के करघे के उलझे हैं धागे,
मगर ज़िन्दगी के वसाइल[1] बहुत हैं।

अँधेरों को देते रहेंगे चुनौती,
दिये आँधियों के मुक़ाबिल बहुत हैं।

1. समाधान

कुछ सकुचाना, कुछ घबराना अच्छा लगता है

कुछ सकुचाना, कुछ घबराना अच्छा लगता है,
तेरा हँसना फिर शर्माना अच्छा लगता है।

मोटी-मोटी पोथी पढ़कर थक जाने के बाद,
मन के पृष्ठों को दुहराना अच्छा लगता है।

तेरी एक झलक पाने को, तुझसे मिलने को,
हर दिन कोई नया बहाना अच्छा लगता है।

शब्दों की सामर्थ्य कहाँ जो मन की बात कहें
आँखों-आँखों में बतियाना अच्छा लगता है।

फास्ट फूड और चमक-दमक वाले इस युग में भी,
अम्मा के हाथों का खाना अच्छा लगता है।

फूलों की घाटी में, तितली के पीछे-पीछे,
दूर देश तक उड़ते जाना अच्छा लगता है।

अक्षत, चन्दन, मन्त्र, पुष्प, नैवेद्य, अग्नि, कुमकुम,
ख़्वाबों में भाँवरें लगाना अच्छा लगता है।

मन में यदि संकल्प भरे हों सुन्दर दुनिया के,
तूफ़ानों से भी टकराना अच्छा लगता है।

अड़े हैं तो मंज़िल की ज़िद में अड़े हैं

अड़े हैं तो मंज़िल की ज़िद में अड़े हैं
बहुत छोड़ कर ही हम आगे बढ़े हैं।

अदब से उठाना ज़रा इन दियों को
अमावस में ये तिरगी से लड़े हैं।

झुके हैं फलों से लदे ये शजर जो
यक़ीनन ये हमसे बहुत ही बड़े हैं।

बिना अन्न के है नहीं कुछ भी मुमकिन
सृजन के तो हथियार हल-फावड़े हैं।

तपन में जो शीतल बनाते हैं जल को
वे मिट्टी के अनमोल सुन्दर घड़े हैं।

बड़े दिख रहे हैं वे कन्धों पे चढ़के
जो सचमुच बड़े हैं, वे झुककर खड़े हैं।

हँसी फूल-जैसी, बदन मरमरी है

हँसी फूल-जैसी, बदन मरमरी है,
किसी जादूगर की तू जादूगरी है।

है लगता कभी सिन्धु-मन्थन से निकली,
है लगता कभी स्वर्ग की तू परी है।

बताती है मुस्कान तेरे लबों की,
तेरे पास ही कृष्ण की बाँसुरी है।

अचानक ये क्या हो गया कि लजाकर,
सकुचने लगी पाँखुरी-पाँखुरी है।

तुम्हारे बिना मानती ही नहीं यह,
करे क्या कोई प्रीति तो बावरी है।

दुआ कीजिए इसको मिल जाये मंज़िल,
समुन्दर की लहरों पे नन्ही तरी है।

न जाने कभी फिर मिलें ना मिलें हम,
न शर्माइये यह विदा की घड़ी है।

ये बंजारापन जाने कब तक चलेगा,
मेरे साथ ये कैसी आवारगी है।

हम तेरे मुखौटों को तार-तार करेंगे

हम तेरे मुखौटों को तार-तार करेंगे,
और यह गुनाह यूँ ही बार-बार करेंगे।

हममें हज़ारों पाश हज़ारों हैं हाशमी,
इस जंग को हम और धारदार करेंगे।

गर चन्द मशालों को बुझा देंगे अँधेरे,
इक फ़ौज मशालों की हम तैयार करेंगे।

शब्दों को सूलियों पे चढ़ा पाया है कोई,
आवाज़ को वे कैसे गिरफ़्तार करेंगे।

फाँसी पे चढ़ा दो या गोलियों से उड़ा दो,
हर ज़ुल्म का विरोध क़लमकार करेंगे।

साहित्य फ़क़त ढाल नहीं, आक्रमण भी है,
यह आक्रमण हम तुम पे लगातार करेंगे।

सहमी-सी पायल की रुनझुन सिमट गयी तनहाई तक

सहमी-सी पायल की रुनझुन सिमट गयी तनहाई तक
पहुँच न पाते कितने सपने डोली तक शहनाई तक।

मन से लेकर आँखों तक अनकही व्यथा अंकित होगी
कैसे-कैसे दिन देखे हैं बचपन से तरुणाई तक।

अम्बर से पाताल लोक तक चुभती हुई निगाहें हैं
अक्सर ज़रा-ज़रा सी बातें ले जातीं रुसवाई तक।

हृदय-सिन्धु की एक लहर का भी स्पर्श न कर पाये
जिनका दावा जा सकते हैं सागर की गहराई तक।

शहर गाँव घर भीतर-बाहर सब हैं उनके घेरे में
पहुँच चुके हैं साँपों के फन देहरी तक अँगनाई तक।

सीता, कभी अहल्या बनती, कभी द्रोपदी, रूप कँवर
जुड़ी हुई हैं कड़ी-कड़ी सब फूलन भँवरी बाई तक।

अगर नहीं प्रतिरोध किया तो एक दिन सब लुट जायेगा
पहले की मीठी बातें फिर आ पहुँचा बरियाई तक।

तारीख़ों पर तारीख़ें फिर तारीख़ों पर तारीख़ें
बँटा हुआ है सारा जीवन हर अगली सुनवाई तक।

पास में थाने के हत्या हो गयी बाज़ार में

पास में थाने के हत्या हो गयी बाज़ार में।
फिर कोई मुसहर फँसाया जायेगा बेकार में।

कीजिएगा अब शिकायत किसकी किससे सोचिए
आज सारा तन्त्र ही डूबा है भ्रष्टाचार में।

ब्रह्मचारी, धर्म-उपदेशक बड़े मशहूर थे
एक दिन परदा उठा, पकड़े गये व्यभिचार में।

गाँव की मोहक छटा पर वो फ़िदा हैं इन दिनों
देखते हैं गाँव जो टीवी पे या अख़बार में।

नीति के पोषक थे, बातों में बड़ा आदर्श था
बाँट डाले सबके सब पद एक ही परिवार में।

इस अदा पर आपकी कुर्बान हैं सौ-सौ जनम
एक प्यारा-सा छिपा इकरार इस इनकार में।

अब नहीं वो चाहते, वैसी कशिश वैसी ख़लिश
आ गया बाज़ार अब तो प्यार के संसार में।

सत्य कहता हूँ, कहूँगा सत्य ही हर हाल में
दो मुझे फाँसी या चुनवाओ मुझे दीवार में।

सर झुकाकर यूँ भजन गाने से कुछ होगा नहीं

सर झुकाकर यूँ भजन गाने से कुछ होगा नहीं।
पत्थरों को ताज पहनाने से कुछ होगा नहीं।

ग़र दिखाना है तो अपने बाजुओं का बल दिखा
अजगरों को पेट दिखलाने से कुछ होगा नहीं।

वक़्त की ललकार है ख़ंजर नहीं तो पिन चुभा
क़ातिलों के पाँव सहलाने से कुछ होगा नहीं।

दो क़दम व्यवहार की धरती पे चलकर देखिए
बैठकर सिद्धान्त पगुराने से कुछ होगा नहीं।

मन की बातें अब तो आँखों से बयाँ कर दीजिए
इस तरह मुस्काने-शरमाने से कुछ होगा नहीं।

उस तड़पते व्यक्ति को भर पेट भोजन चाहिए
एक दिन ग्लूकोज़ चढ़वाने से कुछ होगा नहीं।

वक़्त रहते आसमाँ से चाँद-तारे तोड़ लो
बाद में क़िस्मत पे पछताने से कुछ होगा नहीं।

उठेंगी चिंगारियाँ तो रोशनी होगी ज़रूर
कौन कहता है कि टकराने से कुछ होगा नहीं।

ये मंज़र देखकर हर शख़्स हैरानी में रहता है

ये मंज़र देखकर हर शख़्स हैरानी में रहता है,
पुलिस का महकमा गुण्डों की निगरानी में रहता है।

कोई भी माफ़िया खद्दर पहनकर जब निकलता तो,
हुकूमत का अलम्बरदार अगवानी में रहता है।

हमारे गाँव में चलकर कभी देखें नज़ारा यह,
मगर के साथ कैसे आदमी पानी में रहता है।

ग़रीबों के लिए इज़्ज़त बचाना है बहुत मुश्किल,
अभी भी गाँव में होरी परेशानी में रहता है।

शहंशाहों की दुनिया मिट गयी पिछले ज़माने में,
हमारा रहनुमा पर रोबे-सुल्तानी में रहता है।

ख़ुदा इन्साँ के दिल में प्यार बनकर टिमटिमाता है,
कहाँ कुरआन, गीता या कि गुरुबानी में रहता है।

यहाँ अट्टालिकाएँ रोज़ बनती जा रहीं लेकिन,
बनाने वाला क्यों फ़ुटपाथ या छानी में रहता है?

काँप रहा थर-थर यह घर है

काँप रहा थर-थर यह घर है।
और बहुत छोटी चादर है।

थाने में लुटती है इज़्ज़त
लोकतन्त्र का यह मंज़र है।

कैसे लूटें बाँटें खायें
पैसे वालों में टक्कर है।

नेता जी कल सच बोलेंगे
अख़बारों में छपी ख़बर है।

कुछ ले-देकर काम करा लो
कर देगा, अच्छा अफ़सर है।

झील-सी आँखें, फूल-सा तन है
लेकिन दिल उसका पत्थर है।

बहुत बड़ी यह कमी है तुझमें
तू हद से ज़्यादा सुन्दर है।

जिधर देखता तुम ही तुम हो
यह कैसा जादू-मन्तर है।

तुम भूलो और याद करूँ मैं
मुझमें-तुममें यह अन्तर है।

जिस्मो-जाँ सब कुछ बिकता है
गाँव नहीं, यह महानगर है।

जब तक चूस सका चूसा फिर
किया दूसरे को रेफर है।

भूखी माँ, आँखों में आँसू
जाग गया बच्चा सोकर है।

वर्दी उसके आगे झुकती
पावरफुल हिस्ट्रीशीटर है।

हाथों से यदि हाथ जुड़े हों
तो फिर कहाँ किसी का डर है।

थक कर बैठ न जाना साथी
अभी तो आगे महासमर है।

मुझसे मन की बातें करता
अक्सर सन्नाटे का स्वर है।

राजमहलों में पाला गया था इसे...

राजमहलों में पाला गया था इसे, आज है झोंपड़ी की दुलारी ग़ज़ल,
मनचलों ने पिन्हाये थे घुँघरू इसे, आज है माँ-बहन की-सी प्यारी ग़ज़ल।

तीर चलते थे कल मदभरे नैन से, जाम होठों से इसके छलकते रहे,
ज़ुल्फ़ के ख़म से वाबस्ता थी कल मगर, ज़ुल्म के रूबरू है हमारी ग़ज़ल।

निष्कलुष प्यार की भीनी-भीनी महक, ताज़गी जैसे बच्चों की निश्छल हँसी,
इसमें शामिल है माटी का कुछ सोंधापन, ख़ूँ-पसीने से हमने सँवारी ग़ज़ल।

कल थिरकती थी तबले की थापों पे यह, महफ़िलों में लगाती थी ठुमके सदा,
हाथ मेहँदी रचाये खड़ी थी मगर, आज है मुक्ति की इक कटारी ग़ज़ल।

प्यार मीरा, घनानन्द, रसखान का, पीर इसमें कबीरा, निराला की है,
आज है अपनी कुटिया की रानी बनी, कल भिखारिन-सी थी दसदुआरी ग़ज़ल।

एक मज़लूम के हाथ में ज्यों धनुष, हक़ की ख़ातिर तनी मुट्ठियों की तरह,
आक्रमण की है तैयारियाँ कर रही, दर्द के गाँव में ग़म की मारी ग़ज़ल।

ख़ुद्दारी के दीवाने जा बैठे हैं बाज़ारों में

ख़ुद्दारी के दीवाने जा बैठे हैं बाज़ारों में,
अग्निऋचा लिखने वाले नतमस्तक हैं दरबारों में।

नाम लिखे हैं अब भी जिनके थानों की दीवारों पर,
बड़ी-बड़ी तस्वीरें उनकी छपती हैं अख़बारों में।

राजा जी के हर भाषण में जगजग चाँद-सितारे हैं,
प्रगति कर रहा देश हमारा, विज्ञापन में, नारों में।

पुलिस प्रशासन, कोर्ट कचहरी, सब उनके ही चाकर हैं,
जिनका बहुत बड़ा ओहदा था, चम्बल के सरदारों में।

सच का छूटा साथ, अर्थ धुँधलाये सारे शब्दों के,
चौथे पाये के रखवाले, बिके चन्द उपहारों में।

फूल की ख़ुशबू हवा की ताज़गी ख़तरे में है

फूल की ख़ुशबू हवा की ताज़गी ख़तरे में है,
लोकगीतों की खनकती रागिनी ख़तरे में है।

सभ्यता इस दौर की है निर्वसन होने लगी,
आदमीयत गुम रही है आदमी ख़तरे में है।

पानी-पानी को तरसती सोच में डूबी नदी,
हो रही हर रोज़ दूषित ज़िन्दगी ख़तरे में है।

पत्थरों के जंगलों में पल रहे विषधर तमाम,
प्यार में डूबी हुई निष्छल हँसी ख़तरे में है।

लोग अब करने लगे हैं यूँ अँधेरों को नमन,
चाँदनी सहमी हुई है, रोशनी ख़तरे में है।

दिन ब दिन रंगीन होता जा रहा संसार यूँ,
इन दिनों सदियों सराही सादगी ख़तरे में है।

समझना उसको मुश्किल है, बड़ा शातिर शिकारी है

समझना उसको मुश्किल है, बड़ा शातिर शिकारी है,
वो ख़ंजर बेचने वाला अहिंसा का पुजारी है।

है उसकी भेड़िये-सी शक्ल, आँखें बिल्लियों-सी हैं,
अखिल ब्रह्माण्ड पर उसका अजब-सा ख़ौफ़ तारी है।

नये हथियार हैं उसके, नयी रणनीतियाँ भी हैं,
नयी सज-धज से निकला फिर पुराना क़ारोबारी है।

शहर में बस गये भाई, न आये गाँव वर्षों से,
है बूढ़ा बाप, रोगी माँ है और बेटी कुँवारी है।

सभी के सामने जाने क्यों अक्सर गिड़गिड़ाता है,
हमारा देश है या यह कोई भूखा भिखारी है!

दिखाता है ये सपने और आँखें छीन लेता है,
हमारा रहनुमा है यह कि इक शातिर मदारी है!

तेरे ख़ामोश रहने से, सितम बढ़ता ही जायेगा,
है उसकी आज तो कल सोच ले तेरी भी भारी है।

10-04-2003

होठ तेरे भले बन्द हों पर, मन का हर भेद ये खोलती हैं

होठ तेरे भले बन्द हों पर, मन का हर भेद ये खोलती हैं,
किस मदरसे में इनको पढ़ाया, तेरी आँखें बहुत बोलती हैं।

हैं जो बढ़ती नदी की ये लहरें, हैं जो चढ़ती उमर की तरंगें,
आँधियाँ हैं जो ये ख़ुशबुओं की, अपने आगे किसे तोलती हैं।

तितलियाँ दिन में करती हैं पीछा, रात भर चाँद तकता है तुझको,
तेरी ज़ुल्फ़ों की दीवानी बनकर, बदलियाँ साथ में डोलती हैं।

तेरी नाराज़गी इक क़ज़ा है, ज़िन्दगी है तेरी इक हँसी में,
तू ज़माने में सबसे जुदा है, तेरी बातें शहद घोलती हैं।

तुम्हें जो देखूँ, तो दिल की धड़कन...

तुम्हें जो देखूँ, तो दिल की धड़कन से एक मीठी-सी चाह बोले,
कहाँ से सीखा हुनर ये तुमने, ज़बान चुप और निगाह बोले।

चकित हैं आँखें, कि चाँद अम्बर का इस धरा पर कहाँ से आया,
बताऊँ कैसे कि मन के भीतर छिपा-छिपा इक गुनाह बोले।

अजब-सी ख़ुशबू भरी हवा में, अजब नशा है घुला फ़िज़ा में
भले चलो तुम छिपा के ख़ुद को, जिधर से गुज़रो वो राह बोले।

ये दमका-दमका-सा रूप-कुन्दन, ये बहकी-बहकी घटा-सी ज़ुल्फ़ें,
ये होठ दहके गुलाब-जैसे, जो तुमको देखे, वो 'वाह' बोले।

खुलें जो आँखें तो तुमको देखूँ, हों बन्द पलकें तो दिल में तुम हो,
हज़ारों अरमाँ मचल रहे हैं, ख़ामोशी भी बेपनाह बोले।

तुलसी से मुझे प्यार है और इश्क़ मीर से

तुलसी से मुझे प्यार है और इश्क़ मीर से,
क़ायम है सदा से मेरा रिश्ता कबीर से।

प्रतिपक्ष में हरदम हुई अन्याय के खड़ी,
वाबस्तगी क़लम की हमेशा है पीर से।

मुझको कभी लुभा नहीं पायीं बुलन्दियाँ,
शुरुआत मैं करता हूँ हमेशा अखीर से।

रोये हैं फूट-फूट कर धरती व आसमाँ,
मारा गया है जब कोई निर्दोष तीर से।

बढ़ती है ख़ुशी बाँटने से और ज़ियादा,
ये बात सुनी थी किसी पहुँचे फ़क़ीर से।

संन्यासियों की बात तो मुझको नहीं पता,
मैं प्यार को अलगा नहीं पाया शरीर से।

ख़्वाबों को जैसे सच में बदलते हुए देखा

ख़्वाबों को जैसे सच में बदलते हुए देखा,
मैंने ज़मीं पे चाँद उतरते हुए देखा।

देखा कि एक फूल बोलता है किस तरह,
होठों से हरसिंगार को झरते हुए देखा।

कोयल, कमल, गुलाब, घटा, शहद, चाँदनी,
ख़ुशबू को पाँव-पाँव टहलते हुए देखा।

लहराती-सी, गाती-सी, मचलती-सी लहर-सी,
इक रूप की नदी को उफनते हुए देखा।

सोचा कि कैसे सीप में आयेगा समन्दर,
अपरूप रूप वह जो उमड़ते हुए देखा।

मुझे पतझड़ भी फूलों का नगर मालूम होता है

मुझे पतझड़ भी फूलों का नगर मालूम होता है,
रहो तुम साथ तो जंगल भी घर मालूम होता है।

किसी सुन्दर ग़ज़ल-सी तुम, ग़ज़ाला सी चकित आँखें,
सरापा जिस्म जैसे गुलमुहर मालूम होता है।

विधाता के हृदय की एक अनुपम कल्पना हो तुम,
तुम्हारा रूप ही जग में सुघर मालूम होता है।

तुम्हारे बिन किसी का साथ भाता ही नहीं मुझको,
सफ़र जीवन का मरघट का सफ़र मालूम होता है।

कोई अनबूझ-सी चिन्ता मुझे हर पल सताती है,
भरे बाज़ार में भी कोई डर मालूम होता है।

ख़ूबसूरत-से इरादों की बात करता है

ख़ूबसूरत-से इरादों की बात करता है,
वो पतझड़ों में गुलाबों की बात करता है।

इक ऐसे दौर में जब नींद बहुत मुश्किल है,
अजीब शख़्स है, ख़्वाबों की बात करता है।

उछाल करके कुछ मासूम-से सवालों को,
वो पत्थरों से जवाबों की बात करता है।

वो चाहता है अँगूठे बचे रहें सबके,
वो कापियों की, किताबों की बात करता है।

एक चिंगारी छिपाये है अपने सीने में,
वो बार-बार मशालों की बात करता है।

ये दस्तूर तुमको निभाना पड़ेगा

ये दस्तूर तुमको निभाना पड़ेगा,
किसी रोज़ जाना है, जाना पड़ेगा।

सुनानी पड़ेगी व्यथा मौन रहकर,
भरी आँख से मुस्कराना पड़ेगा।

ग़ज़ल प्यार की गुनगुनायी जहाँ पर,
वहीं दर्द का गीत गाना पड़ेगा।

कई रूप धरके अँधेरे मिलेंगे,
तुम्हें दीप बन टिमटिमाना पड़ेगा।

कोई द्वार अपने से खुलता कहाँ है,
तुम्हें बढ़के ख़ुद खटखटाना पड़ेगा।

बहुत ही कठिन व्यूह में ज़िन्दगी है,
हरेक दाँव को आज़माना पड़ेगा।

कभी यह चार पैसे की कमाई मार देती है

कभी यह चार पैसे की कमाई मार देती है,
कभी स्कूल की महँगी पढ़ाई मार देती है।

करोड़ों नौजवाँ हैं और नौकरियाँ हैं थोड़ी-सी,
फिर उसके बाद होती जगहँसाई मार देती है।

किसी भी मोरचे पर हममें लड़ने की है कूबत पर,
हमें दिन-रात रोटी की लड़ाई मार देती है।

निगाहें भीड़ में अपनों के चेहरे ढूँढ़ती रहतीं,
हमें माँ-बाप-बीवी की जुदाई मार देती है।

इनायत देवताओं की है धनवानों के हिस्से में,
हमें जग के ख़ुदाओं की ख़ुदाई मार देती है।

ज़िन्दगी का हरेक पल सुहाना रहा

ज़िन्दगी का हरेक पल सुहाना रहा,
मेरे होठों पे हरदम तराना रहा।

साथ चलते रहे तुम तो क्या बात थी,
रंक के हाथ जग का ख़ज़ाना रहा।

पत्रिकाएँ, किताबें, तबीयत, ग़ज़ल,
बात करने का ये सब बहाना रहा।

रक्स करती रही चाँदनी रात भर,
जगमगाता मेरा आशियाना रहा।

चाँद जलता रहा मेरी तक़दीर से,
मेरा घर क़हक़शाँ का ठिकाना रहा।

तुम तो सच बात कहने का साहस करो,
सत्य के साथ सारा ज़माना रहा।

किसी के नेह में डूबा हुआ मन याद आता है

किसी के नेह में डूबा हुआ मन याद आता है,
ऐ गोरखपुर! तेरी गलियों का जीवन याद आता है।

कभी जब बन्द कर आँखें, तेरी दुनिया में आ जाता,
तेरे आँचल में बीता एक-इक छन याद आता है।

वो ध्यानी योगियों का मठ, वो सुन्दर ज्ञान का प्रांगण,
नगर का दिव्य गुरु गोरख का आँगन याद आता है।

कबीरा ने बुनी थी जिस जगह सद्भाव की चादर,
वो गुरुओं का शहर, वो तीर्थ पावन याद आता है।

क़लम के इक सिपाही ने लिखा हामिद का अफ़साना,
'गुले-नगमा' के आशिक़ का वो गुलशन याद आता है।

बड़ों के सामने झुकने से इन्साँ है बड़ा होता,
सबक यह जिस जगह सीखा वो उपवन याद आता है।

जहाँ पर इंक़लाबी गीत और ग़ज़लें लिखीं मैंने,
मशालों और अंगारों का जीवन याद आता है।

वे छात्रावास के दिन स्वर्ग से भी ख़ूबसूरत थे,
ख़ुशी के रंग छलकाता वो मधुबन याद आता है।

वहीं पानी पे हमने अपने मन के राज़ लिक्खे थे,
शरारत से भरा प्यारा लड़कपन याद आता है।

रिझाना-रीझना, हँसना-हँसाना, छेड़ना-छिपना,
मधुर तक़रार, वो अनबन व ठनगन याद आता है।

किसी का दिल चुराने के लिए सौ-सौ जतन करना,
वो कलियों के निकट भौंरों का गुंजन याद आता है।

वो गलियाँ अब भी जिनमें दिल की धड़कन तेज़ हो जाती,
वहाँ खोया कोई अनमोल-सा धन याद आता है।

वो बंजारों-सा पैदल गलियों-गलियों घूमना अक्सर,
फ़िज़ा में प्यार बरसाता वो सावन याद आता है।

वो जितना मुक्त करता, बाँधता है और कस-कस कर,
वो ख़ुशबू का बहुत प्यारा-सा बन्धन याद आता है।

जिन्हें ख़ुशहालियाँ कहते हैं, सब हैं पास मेरे पर,
बहुत सम्पन्न वह जीवन अकिंचन याद आता है।

रूप कंचन तपाकर निकाला हुआ

रूप कंचन तपाकर निकाला हुआ,
जिस्म ऐसा कि साँचे में ढाला हुआ।

चाँद निकला तो रौशन हुआ यह जहाँ,
तुम को देखा तो मन में उजाला हुआ।

यूँ झटककर जो ज़ुल्फ़ों को बिखरा दिया,
यक-ब-यक सारा आकाश काला हुआ।

इन्द्रधनु, फूल, ख़ुशबू, कुहुक, कहकशाँ,
है तुम्हारा ही हर जाल डाला हुआ।

ये नज़र, ये हँसी, ये हया, ये अदा,
तेरा अन्दाज़ सबसे निराला हुआ।

चाँद-सा रूप यह सलोना है

चाँद-सा रूप यह सलोना है,
दमका-दमका-सा जैसे सोना है।

जबसे देखा है ख़ुद को भूल गया,
तेरी आँखों में जादू-टोना है।

जानता हूँ ये राह है मुश्किल,
तुमको पाना है, ख़ुद को खोना है।

प्यार लम्हों का दर्द जन्मों का,
'आओ हँस लें कि फिर तो रोना है।'

प्यार की उम्र ओस के मोती,
टूट जाना है फिर पिरोना है।

डरी हैं बेटियाँ हर पल, गली-घर-राजधानी में

डरी हैं बेटियाँ हर पल, गली-घर-राजधानी में,
कोई शैतान आ जाता है परियों की कहानी में।

हमारे देश के बच्चों की आँखों में उदासी है,
बुढ़ापा घेर लेता है, अचानक नौजवानी में।

हमारे अन्नदाता अन्न की ख़ातिर तरसते हैं,
गुज़ारा हो नहीं पाता है अब खेती-किसानी में।

समय का दर्द शब्दों में दहक बनकर अयाँ होता,
नहीं तो तल्खियाँ आती नहीं सन्तों की बानी में।

किसी दिन यक-ब-यक सबको बसेरा छोड़ना होगा,
कज़ा करती नहीं है फ़र्क़ राजा-रंक-ज्ञानी में।

तिनके-तिनके हमेशा जुटाती रही

तिनके-तिनके हमेशा जुटाती रही,
एक घर अपने मन में बनाती रही।

दूध और भात हर दिन कहाँ था सुलभ,
किन्तु माँ चन्दा मामा बुलाती रही।

नेह का एक सागर उफनता रहा,
सबपे हर वक़्त ममता लुटाती रही।

बर्तनों में कई बार ठनगन हुई,
फिर भी माँ घर में चूल्हा जलाती रही।

आँधियां तेज़ आयीं बहुत बार पर,
हौसले वह दियों के बढ़ाती रही।

फ़ीस कपड़े किताबें क़लम-कापियाँ,
कैसे-कैसे कहाँ से जुटाती रही।

वक़्त ने राह रोकी कई बार पर,
वो तो माँ थी जो पहिया घुमाती रही।

मुश्किलों ने भी कम आज़माया नहीं,
दर्द मन में लिए मुस्कराती रही।

कोई भूखा कभी दर से लौटा नहीं,
कैसे-कैसे सभी को खिलाती रही।

घर को मन्दिर का आकार उसने दिया,
देवता-देवियों को मनाती रही।

गाँव से मेरे सरयू बहुत दूर है,
रोज़ पैदल ही जाकर नहाती रही।

बहारें गुनगुनातीं, ग़म का आईना नहीं मिलता

बहारें गुनगुनातीं, ग़म का आईना नहीं मिलता,
तुम्हारे पास होने से, मुझे क्या-क्या नहीं मिलता।

तुम्हें देखा तो आँखों ने कहा बस मिल गयी मंज़िल,
तुम्हारे दर से उठने का कोई रस्ता नहीं मिलता।

न वो रूहानियत दिल की, न भोलेपन का वो जादू,
तुम्हारे जैसा दुनिया में कोई प्यारा नहीं मिलता।

कभी मैं अप्सरा कहता, कभी मैं चाँद कहता हूँ,
हक़ीक़त में मगर तुझ-सा कोई चेहरा नहीं मिलता।

खड़ी बोली में अक्सर भोजपुरी का टपकता रस,
किसी से गुफ़्तगू में वो तेरा लहजा नहीं मिलता।

यही इन्सानियत का सार है, सन्तों की बानी है,
अगर अभिमान है तो प्रेम का सौदा नहीं मिलता।

हरेक इन्सान में थोड़ी कमी होना ज़रूरी है,
बुराई पर नज़र हो तो कोई अच्छा नहीं मिलता।

सुख-दुख दोनों ही आते हैं, एक साथ त्योहार में

सुख-दुख दोनों ही आते हैं, एक साथ त्योहार में,
मिल जायेंगे, डरे हुए हामिद, मेले-बाज़ार में।

गाँव-शहर में मौत टहलती, मातम है, सन्नाटा है,
फिर भी ख़ुशियाँ चहक रही हैं, टीवी पर, अख़बार में।

नहीं मयस्सर इज़्ज़त से आख़िरी विदाई भी अब तो,
ढूँढ़ लिए शैतानों ने, अवसर इस हाहाकार में।

भूख भेजती शहर रोज़ ही लेकिन मिलता काम नहीं,
लौट रहे मज़दूर उदासे, वापस घर-परिवार में।

प्रेम-कहानी कहने-सुनने में अच्छी लगती लेकिन,
एक जन्म में कई बार, मरना पड़ता है प्यार में।

छोटी हैं तो उड़ती-सी फुलवारी बहनें होती हैं

छोटी हैं तो उड़ती-सी फुलवारी बहनें होती हैं,
दिदिया, दीदी और कभी महतारी बहनें होती हैं।

रक्षाबन्धन के दिन भाई की दुनिया में रंग भरतीं,
और कलाई पर सुन्दर गुलकारी बहनें होती हैं।

पल में रोना, पल में हँसना कितना कोमल मन इनका,
हरदम प्यार लुटातीं कितनी प्यारी बहनें होती हैं।

बिना बताये सुन लेती हैं सारी बातें हर दिल की,
माँ का ही प्रतिरूप हमारी सारी बहनें होती हैं।

सम्बन्धों में खोंच लगे तो झटपट करतीं तुरपाई,
अँधियारी रातों में भी उजियारी बहनें होती हैं।

वक़्त पड़े तो भाई की ताक़त बन साथ खड़ी होतीं,
ये न समझना भाई की लाचारी बहनें होती हैं।

कहा क्या हवा ने तनिक गुनगुनाकर

कहा क्या हवा ने तनिक गुनगुनाकर,
चहकने लगीं पायलें छमछमाकर।

पकी बालियाँ खनखनाने लगी हैं,
दुल्हन ने बुलाया है कंगन बजाकर।

इधर उसने धीरे-से पलकें उठायीं,
उधर कुछ परिन्दे उड़े फड़फड़ाकर।

झपकने से इनकार करती हैं पलकें,
कमल झील से एक निकला नहाकर।

लगा भीगने नेह से माँ का आँचल,
बुलाती हैं बछड़ों को गायें रम्हाकर।

नहीं ज्योति की हार होती तिमिर से,
यही कह रहा है दिया टिमटिमाकर।

न लंगर गिरेगा, न कश्ती रुकेगी,
जो दम हो तो तूफ़ाँ दिखाये डुबाकर।

ये माना अँधेरा है बरज़ोर लेकिन,
चलो देखते हैं मशालें जलाकर।

इक नदी अपनी पूरी रवानी में है

इक नदी अपनी पूरी रवानी में है,
इक कहानी अभी इस कहानी में है।

तैरती इक परी मछलियों की तरह,
ख़ूबसूरत-सी इक आग पानी में है।

झूठ बोलूँ तो अपनी नज़र में गिरूँ,
और ख़तरा बहुत सच बयानी में है।

नागफनियों का बढ़ने लगा दायरा,
नाग लिपटा हुआ रातरानी में है।

आजकल के मठों में वो दिखती नहीं,
आग जैसी कबीरा की बानी में है।

सत्य को हर समय ही मिली वंचना,
झूठ सीना फुला राजधानी में है।

ठान ले तो ज़माने का रुख मोड़ दे,
इतनी ताक़त भरी नौजवानी में है।

अक्षर-अक्षर, तिनका-तिनका चुनना पड़ता है

अक्षर-अक्षर, तिनका-तिनका चुनना पड़ता है,
भीतर-भीतर कितना कहना-सुनना पड़ता है।

चिड़िया जैसे नीड़ बनाती है तन्मय होकर,
कविता को भी बहुत डूबकर बुनना पड़ता है।

दुहराना पड़ता है सुख-दुख को हँसकर-रोकर,
यादों में खोकर अतीत को गुनना पड़ता है।

इतनी गुत्थमगुत्था हो जाती हैं कुछ यादें,
जज़्बातों को रुई-सरीखा धुनना पड़ता है।

क्यों उठ रही हैं लपटें, क्यों हुआ है लाल जंगल

क्यों उठ रही हैं लपटें, क्यों हुआ है लाल जंगल,
देना पड़ेगा उत्तर, करता सवाल जंगल।

क्यों घास-फूँस-फल सब बारूद बन गये हैं,
कैसी है आग जिससे लेता उबाल जंगल।

असहाय-सा खड़ा है, न कवच बचा न कुण्डल,
इक दौर था कि सब का बनता था ढाल जंगल।

मुश्किल है यूँ समझना सुख-दुख-अभाव उसके,
बैठो जो पास जाकर तो कहेगा हाल जंगल।

हमने युगों-युगों से जंगल में जाल डाले,
अब दिन बदल रहे हैं, डालेगा जाल जंगल।

प्रतिरोध में पलटकर उठना था इक न इक दिन,
ख़ामोश रह के कब तक होता हलाल जंगल।

बेहतर है वक़्त रहते, चलकर उसे मना लो,
वर्ना करोगे क्या जब ठोंकेगा ताल जंगल?

नदी है बन्धनों में, मुक्त होकर बह नहीं पाती

नदी है बन्धनों में, मुक्त होकर बह नहीं पाती,
कोई दीवार है सदियों पुरानी ढह नहीं पाती।

ज़ुबाँ भी है, बहुत बातें भी हैं, पर मौन रहती है,
सभी दिन भर सुनाते फिर भी माँ कुछ कह नहीं पाती।

हज़ारों दुख सहे हैं उम्र भर औलाद की ख़ातिर,
बुढ़ापे में वो बच्चों की रुखाई सह नहीं पाती।

रहा करते थे बच्चे जिस तरह माँ-बाप के घर में,
उसी अधिकार से माँ उनके घर क्यों रह नहीं पाती?

ज़माने को उसने उलटकर दिखाया

ज़माने को उसने उलटकर दिखाया,
हुनर लीक से जिसने हटकर दिखाया।

समझदार पीछे हटे, फिर हटे, पर
गँवारों ने मौक़े पे डटकर दिखाया।

कहा मैंने जीवन में इसको दिखाओ,
तो फिर उसने पन्ने पलटकर दिखाया।

उसी को मिली कामयाबी हमेशा,
सदा जिसने जीवन में खटकर दिखाया।

सारे जग से निभाया तुम्हारे लिए

सारे जग से निभाया तुम्हारे लिए
हर किसी को मनाया तुम्हारे लिए।

तुमको अपना बनाने की थी कामना,
सबको अपना बनाया तुम्हारे लिए।

नाज़ से सर उठाकर चला हर जगह
हर जगह सर झुकाया तुम्हारे लिए।

जाने किस रूप में तुम कहाँ पर मिलो
द्वार हर खटखटाया तुम्हारे लिए।

चाहता था तुम्हारी हँसी देखना
मैंने सबको हँसाया तुम्हारे लिए।

कौन सा राग तुमको सुरीला लगे
राग हर गुनगुनाया तुम्हारे लिए।

कौन कहता कि आकाश-फल है ग़ज़ल

कौन कहता कि आकाश-फल है ग़ज़ल,
वक़्त के रूबरू आजकल है ग़ज़ल।

एक माँ की पुलक, एक कृषक की ख़ुशी,
खेत में लहलहाती फ़सल है ग़ज़ल।

रूप सुन्दर लगे सादगी से भरा,
एक अँजुरी-भरा गंगाजल है ग़ज़ल।

काल के गाल पर कुछ हँसी, कुछ रुदन,
अश्रु के बूँद जैसी तरल है ग़ज़ल।

कैसे जीवन से कविता जुड़ेगी पुनः,
प्रश्न का एक सीधा-सा हल है ग़ज़ल।

एक सुन्दर जगत के सृजन के लिए,
शब्द-संसार में इक पहल है ग़ज़ल।

ये कब अन्त:पुरों के रूप का गुणगान करती है

ये कब अन्त:पुरों के रूप का गुणगान करती है,
हमारी लेखनी तो सत्य का सन्धान करती है।

रवायत जब कभी ज़ंजीर बनकर है जकड़ लेती,
कोई मीरा बग़ावत का तभी ऐलान करती है।

नदी पर्वत-पिता के घर दुबारा जा नहीं सकती,
यही सब सोचकर रोते हुए प्रस्थान करती है।

बग़ावत के बिगुल फूँकेगी इक दिन देख लेना तुम,
जो पीढ़ी हर घड़ी अपमान का विषपान करती है।

बुराई हर घड़ी काँटे बिछाती सबकी राहों में,
भलाई दूसरों की मुश्किलें आसान करती है।

क़लम को थपथपाती है हुकूमत

क़लम को थपथपाती है हुकूमत,
क़लम से थरथराती है हुकूमत।

क़लम को कुन्द करने के हज़ारों,
तरीक़े आज़माती है हुकूमत।

क़लम की रीढ़ रह जाये न क़ायम,
गले हँसकर लगाती है हुकूमत।

लपट जब फेंकने लगती कभी तो,
क़लम से काँप जाती है हुकूमत।

फ़तह कर ले बहुत-से मोरचे पर,
क़लम से हार जाती है हुकूमत।

अचानक लोग घबड़ाने लगे हैं

अचानक लोग घबड़ाने लगे हैं,
लकड़बग्घे नज़र आने लगे हैं।

अजब-सी सनसनी है आसमाँ में,
घरों पर गिद्ध मँडराने लगे हैं।

अचम्भित कर रहे हैं ये नज़ारे,
बया को बाज दुलराने लगे हैं।

निकल आये हैं विषधर सब बिलों से,
फनों को खोल लहराने लगे हैं।

वनों में अब न आदमखोर मिलते,
सभाओं में वे गुर्राने लगे हैं।

बन्द आँखों से बहारों की छटा देखेंगे

बन्द आँखों से बहारों की छटा देखेंगे,
तुम्हारे बाद किसी और को क्या देखेंगे।

चौथ है, चाँद को मत देखना कहा सबने,
तुमको देखा है तो जो होगा, नफ़ा देखेंगे।

तेरी आँखों, तेरी ज़ुल्फ़ों की कशिश क्या कहना,
कभी क़रीब से हाथों की हिना देखेंगे।

एक मुद्दत से तुम्हें प्यार किया है हमने,
ये है गुनाह तो जो होगी सज़ा देखेंगे।

तेरे अन्दाज़ निराले हैं सुना है हमने,
हम किसी रोज़ मिलेंगे तो अदा देखेंगे।

हसीं ख़्वाबों को अक्सर रूप हम साकार देते हैं

हसीं ख़्वाबों को अक्सर रूप हम साकार देते हैं,
कभी मिट्टी, कभी पत्थर को गढ़ आकार देते हैं।

कभी हम मोम पिघलाते, कभी गढ़ते हैं लकड़ी को,
हमें भी प्यार मिलता है, अगर हम प्यार देते हैं।

तपा देती है सोने को, पका देती है रोटी को,
हमेशा आग को ही दोष हम बेकार देते हैं।

ये तूफ़ाँ ज़िन्दगी में सिर्फ़ मुश्किल ही नहीं लाते,
हमारे हौसलों को ये नयी रफ़्तार देते हैं।

बहुत ज़्यादा नमी हो तो भी पौधे सूख जाते हैं,
अधिक साधन नयी सम्भावना को मार देते हैं।

किसानों को, मजूरों को, कोई कमज़ोर न समझे,
किसी भी शक्ति को, जब ठान लें, ललकार देते हैं।

फ़ज़ा हँसती है, मंज़र बोलता है

फ़ज़ा हँसती है, मंज़र बोलता है,
हुनर गर हो तो पत्थर बोलता है।

सफ़र से लौटकर आता हूँ जब भी,
बहुत कुछ मुझसे ये घर बोलता है।

हम्हीं सुनते नहीं हैं बात उसकी,
समय हर पल निरन्तर बोलता है।

निगाहें कुछ छिपा पाती नहीं हैं,
नज़र का अक्षर-अक्षर बोलता है।

न जाने कैसा हाहाकार है ये,
न जाने क्या समुन्दर बोलता है।

ये आईना भी बच्चों की तरह है,
हँसो तो यह भी हँसकर बोलता है।

था कहाँ तैयार झुकने को किसी दरबार में

था कहाँ तैयार झुकने को किसी दरबार में,
पर ग़रीबी ले गयी अपमान के संसार में।

फिर किसी बुधिया की काया बेकफ़न रखी रही,
फिर किसी होरी की बेटी बिक गयी बाज़ार में।

छोड़कर घर चल पड़ा हल्कू मजूरी के लिए,
पेट तक भरता नहीं खेती के कारोबार में।

रक्स करती अप्सराएँ पारदर्शी वस्त्र में,
सन्तजन दिखने लगे हैं काम के अवतार में।

चारणी सत्ता की, विज्ञापन की हैं रंगीनियाँ,
सच कहाँ तुमको मिलेगा आज के अख़बार में।

यह दर्द की सदी है, ठहरी-सी है रवानी

यह दर्द की सदी है, ठहरी-सी है रवानी,
हर गाँव रो रहा है, जलती है राजधानी।

हर ओर द्रोपदी के क्रन्दन भरे हुए हैं,
फिर चुप है हस्तिनापुर, फिर है वही कहानी।

इक्कीसवीं सदी के मानव के आचरण पर,
ग़मगीन है सुयोधन, रावण है पानी-पानी।

हर शहर में दुशासन ताण्डव मचा रहे हैं,
क्यों जागती नहीं है, इस देश की जवानी।

हर घर सुलग रहा है, हर जन उबल रहा है,
नेता सुना रहे हैं, संसद में लंतरानी।

गंगा डरी हुई है, हिमवान रो रहा है,
होगी न इस चमन में कोई कली सयानी।

सौ-सौ भुजंग लिपटे हैं तन-बदन से इसके
जकड़ी है बन्धनों में बेबस-सी रातरानी।

ये ग़ज़ल ग़ज़ालचश्मों से गुफ़्तगू नहीं है,
यह है मेरे अहद के ज़ख़्मों की तर्जुमानी।

उम्र तो है गुड़िया से खेलें, नज़र टिकी गुब्बारों पर

उम्र तो है गुड़िया से खेलें, नज़र टिकी गुब्बारों पर,
नंगे पाँव चले हैं बच्चे, दहक रहे अंगारों पर।

सर पर भारी बोझ लिये वैदेही पैदल भटक रही,
टूटी चप्पल, दूर है मंज़िल, चलना है तलवारों पर।

स्वाभिमान से जो जीते थे, आज भिखारी जैसे हैं,
संकट में भी क्रूर सियासत, थू ढोंगी हत्यारों पर।

कई दिनों से भूखी-प्यासी माँ की छाती सूख गयी,
नाज़ुक बच्चा हुआ अधमरा, लानत है मक्कारों पर।

खाना नहीं मिला पर लाठी अक्सर ही खा लेते हैं,
साँसें टँगी हुई हैं इनकी, मंज़िल की मीनारों पर।

सब कुछ खोकर सड़क किनारे भी रुकने को जगह नहीं,
नेताओं की हँसती फ़ोटो चिपकी है दीवारों पर।

रिक्शा ठेला साइकिल पैदल, गिरते-पड़ते निकल पड़े,
अकथ दर्द की कविता कैसे लिख दूँ इन बंजारों पर।

दुल्हनों के हाथ चूड़ी, पाँव पायल है कहाँ!

दुल्हनों के हाथ चूड़ी, पाँव पायल है कहाँ!
प्यार में कोई किसी के सच में पागल है कहाँ!

किस तरह बच्चे को आँचल में छिपा सकती हैं ये,
जिन्स वाली मम्मियों के पास आँचल है कहाँ!

ये महज़ साधन हैं आँखों को सजाने के लिए,
माँ बनाती थी जो घी से अब वो काजल है कहाँ!

फ़ोन से माँ-बाप के मालूम कर लेते हैं हाल,
पास जाकर बैठने का वक़्त दो पल है कहाँ!

सब बरस जाते हैं नदियों और सागर की तरफ़,
सूखते खेतों के हिस्से, कोई बादल है कहाँ!

फ़क़ीरों वाली फ़ितरत है कहीं रुकना नहीं आता

फ़क़ीरों वाली फ़ितरत है कहीं रुकना नहीं आता,
किसी के मुफ़्त में हो जाते हैं बिकना नहीं आता।

ये आर्टिफिसियल सम्बन्ध बस होते हैं मतलब के,
जो रिश्ते प्लास्टिक के हैं, उन्हें टिकना नहीं आता।

खुली आँखों से मैंने एक दिन देखा था इक सपना,
फिर उसके बाद मुझको दूसरा सपना नहीं आता।

हम ऐसे मस्तमौला हैं कि अपने ग़म में हँस लेते,
हो कोई दूसरा ग़मगीन तो हँसना नहीं आता।

कोई भी चोट खाकर हम समूची उम्र जी लेंगे,
किसी की बात लग जाये तो फिर जीना नहीं आता।

फूल, ख़ुशबू, तितलियाँ अब भी हैं मेरे गाँव में

फूल, ख़ुशबू, तितलियाँ अब भी हैं मेरे गाँव में,
नेह की पुरवाइयाँ अब भी हैं मेरे गाँव में।

अब भी फागुन झूम कर आता है बौराया हुआ,
बहुत सारी भाभियाँ अब भी हैं मेरे गाँव में।

हैं जई अब भी उगाती दशहरा आता है जब,
कई बहनें दीदियाँ अब भी हैं मेरे गाँव में।

आपदा-विपदा को भी सब बाँट लेते हैं यहाँ,
दर्द संग ख़ुशहालियाँ अब भी हैं मेरे गाँव में।

हैं अभी गाते कबीरा और मीरा के भजन,
रस-भरी चौपाइयाँ अब भी हैं मेरे गाँव में।

अब भी अक्सर डाकिया आता है सौगातें लिये,
ढेर सारी चिट्ठियाँ अब भी हैं मेरे गाँव में।

अहद पर अब भी हैं मरते, पाप से डरते हैं लोग,
अनगिनत अच्छाइयाँ अब भी हैं मेरे गाँव में।

डाकुओं-चोरों को मिल-जुलकर भगा देते हैं लोग,
तेग-बर्छी, लाठियाँ अब भी हैं मेरे गाँव में।

अब भी क़िस्से, लोरियाँ सुनते हैं बच्चे शाम को,
घरों में अँगनाइयाँ अब भी हैं मेरे गाँव में।

कट जायेंगे जब सारे शजर कैसा लगेगा

कट जायेंगे जब सारे शजर कैसा लगेगा;
पत्थर के जंगलों का शहर कैसा लगेगा?

धरती पे हमने आग लगा दी है हर तरफ़
आकाश से बरसा जो शरर कैसा लगेगा?

बच्चे को दूर जाना है गुमसुम से हैं माँ-बाप
जब वो नहीं आयेगा नज़र, कैसा लगेगा?

तुम हो तो तरन्नुम है, तबस्सुम है, प्यार है
जब तुम न रहोगे तो ये घर कैसा लगेगा?

तुम साथ-साथ हो तो ये राहें हसीन हैं
चलना पड़ा तन्हा तो सफ़र कैसा लगेगा?

फ़न तो वही है जिसमें धड़कती हो ज़िन्दगी
कोरी उड़ान हो तो हुनर कैसा लगेगा?

हदों के पार होता जा रहा है

हदों के पार होता जा रहा है,
समय ख़ूँख़ार होता जा रहा है।

शरारे उड़ रहे हैं हर गली में,
शहर अंगार होता जा रहा है।

चलो बाज़ार से घर आ गये, पर
ये घर बाज़ार होता जा रहा है।

सिकुड़ती जा रही है दिल की दुनिया,
नगर-विस्तार होता जा रहा है।

बड़े आराम से सुख इस तरफ़ का,
समुन्दर पार होता जा रहा है।

लड़ाई अब नहीं टैंकों-बमों की,
शहद हथियार होता जा रहा है।

मशालें फिर जलाने का समय है,
बहुत अँधियार होता जा रहा है।

सूखने लगतीं जहाँ पर हर ख़ुशी की कोंपलें

सूखने लगतीं जहाँ पर हर ख़ुशी की कोंपलें;
फिर वहीं से फूटती हैं ज़िन्दगी की कोंपलें।

वक़्त ने जिन पर उगा दीं बेबसी की कोंपलें
चाहते हैं हम उगें उन पर हँसी की कोंपलें।

उनका दावा है अँधेरा ख़ूब पनपेगा यहाँ
मेरा वादा है उगेंगी रौशनी की कोंपलें।

सारी नदियाँ एक सागर में सिमटती जा रहीं
वह उगाता है लबों पर तिश्नगी की कोंपलें।

यूँ तो दुनिया में भरी हैं अनगिनत रंगीनियाँ
मेरे मन को हैं लुभाती सादगी की कोंपलें।

बस तुम्हारी एक झलक से सिन्धु में उठती लहर
फूटने लगती हैं दिल में चाँदनी की कोंपलें।

उनके हाथों पर नयी तहरीर लिखनी है हमें
जिनके माथे पर लिखीं बेचारगी की कोंपलें।

कुछ नये उद्योग पनपे हैं हमारे देश में
अपहरण, हत्या, डकैती, तस्करी की कोंपलें।

भूख से मरते हैं बच्चे और संसद में वहाँ
बैठ कर नेता उगाते मस्करी की कोंपलें।

नर्म फूलों पर नहीं तलवार की होती परख
फूटतीं संघर्ष में ही शायरी की कोंपलें।

इक-दूसरे से जुदा हैं हम यह सोचना बड़ी भूल है

इक-दूसरे से जुदा हैं हम यह सोचना बड़ी भूल है;
मैं जिस चमन की सुगन्ध हूँ उसी बाग़ का तू भी फूल है।

मेरी ज़िन्दगी मेरी जाने जाँ तुझे देखकर ये लगा मुझे
तू ही शिव है राम है कृष्ण है तू ख़ुदा है तू ही रसूल है।

तुम्हें देखना, तुम्हें सोचना, तेरी आरज़ू तेरी जुस्तजू
बस एक तुमको ही चाहना मेरी ज़िन्दगी का उसूल है।

किसी देवता के भी सामने कभी आज तक जो झुका नहीं
उसे तेरे दर पे झुका दिया तू करेगा जो भी क़ुबूल है।

ये जहान और हसीन हो इसे मिलके आओ सँवार दें
जो हुआ वो क्यों कैसे हुआ यह फ़िक्र करना फिज़ूल है।

ख़ुशबू का बन्धन फूलों का पहरा लगता है

ख़ुशबू का बन्धन फूलों का पहरा लगता है।
तुम रहती हो तब यह घर भी अच्छा लगता है।

गन्ध तुम्हारे तन की फैली है हर ओर यहाँ
बिना तुम्हारे हर पल अग्नि परीक्षा लगता है।

वक़्त जो पहले पंख लगाकर फर-फर उड़ता था
कई दिनों से अब वह ठहरा-ठहरा लगता है।

एक रंग चढ़ गया है जब से कोरे काग़ज़ पर
दुनिया का हर रंग तभी से कच्चा लगता है।

बिखरी-बिखरी हैं सब चीज़ें हर सू यहाँ-वहाँ
बिन घरनी यह घर भूतों का डेरा लगता है।

जो बहाते खूँ-पसीना, उनका आदर है कहाँ

जो बहाते ख़ूँ-पसीना, उनका आदर है कहाँ,
घर बनाने वालों का अपना कोई घर है कहाँ?

अन्न उपजाते हैं जो, सारे सृजन करते हैं जो,
भूख भर भोजन अभी उनको मयस्सर है कहाँ?

अपनी मेहनत से बदलते भाग्य ये संसार का,
इन अभागों का मगर, अपना मुक़द्दर है कहाँ?

सुख तो मृगजल की तरह, हर रोज़ छलता ही गया,
ख़्वाब में देखा गया, मीठा सरोवर है कहाँ?

पत्थरों पर नाम राजाओं के खुदवाये गये,
नाम गढ़ने वालों के, कोई भी पत्थर है कहाँ?

हर ओर खट रहे हैं, यूपी-बिहार हैं हम

हर ओर खट रहे हैं, यूपी-बिहार हैं हम,
हर रोज़ पिट रहे हैं, सबके शिकार हैं हम।

घर में जो मिलती रोज़ी, क्योंकर भटकते दर-दर,
ललकार की है क्षमता, फिर भी गुहार हैं हम।

हम सबके ख़ूँ-पसीने से जगमगाती दुनिया,
हम गाड़ियों के पहिये, कहते गँवार हैं हम।

यूँ भूख ने है तोड़ा, घर-गाँव से शहर तक,
हर हाँ में हाँ मिलाते, पिछले कहार हैं हम।

कुछ साज़िशों के चलते, बिखरा है ताना-बाना,
वरना सृजन भरा है, ताक़त अपार हैं हम।

अवसर अगर मिले तो, कुछ भी नहीं असम्भव,
सीमा पे हम डटे हैं, दुश्मन पे वार हैं हम।

नन्हें-मुन्नों से ममता का आँगन मत छीनो

नन्हे-मुन्नों से ममता का आँगन मत छीनो,
बच्चों के जीवन से उनका जीवन मत छीनो।

रोना हँसना ज़िद करना बच्चों की फ़ितरत है,
नयी कोपलों को बढ़ने दो, ठनगन मत छीनो।

जाने दो स्कूल उन्हें, सपनों को खिलने दो,
उड़ने दो उन्मुक्त गगन में, मधुबन मत छीनो।

सारा जीवन तो तपना है जेठ-दुपहरी में,
तितली वाली उम्र में उनसे सावन मत छीनो।

कठिन काम पर मत भेजो, दो कॉपी-क़लम उन्हें,
इसी उम्र में उनके सर से दामन मत छीनो।

ये आँखें छिपाएँ तो कैसे छिपाएँ

ये आँखें छिपाएँ तो कैसे छिपाएँ,
उफनता समुन्दर, छलकती घटाएँ।

हरेक साँस में तुम ही तुम बस गये हो,
तुम्हें हम भुलाएँ तो कैसे भुलाएँ।

चलो राह जीने की ऐसे निकालें,
न तुम याद आओ, न हम याद आएँ।

वो इक बात जो आज तक अनकही है,
बहुत सोचते हैं कि कैसे बताएँ।

जो इक गीत अब भी अधूरा पड़ा है,
तुम्हारे बिना किस तरह गुनगुनाएँ।

परिन्दे हैं उड़ने की फ़ितरत मिली है,
चलो फिर कहीं घोंसला इक बनाएँ।

हुस्न है और क्या-क्या नहीं है

हुस्न है और क्या-क्या नहीं है,
पर कोई तेरे जैसा नहीं है।

मुद्दतों से निहारा है फिर भी,
तुमको जी भर के देखा नहीं है।

सोच लो पाँव रखने से पहले,
इश्क़ है यह तमाशा नहीं है।

चाँद है ख़ूबसूरत बहुत पर,
तेरे जैसा वो हँसता नहीं है।

तेरी आँखों में है कोई जादू,
कौन है जो कि भटका नहीं है।

सुख न भायेगा उसको कि जिसने,
दर्द को गुनगुनाया नहीं है।

जलाते हैं अपने पड़ोसी के घर को

जलाते हैं अपने पड़ोसी के घर को,
ये क्या हो गया है हमारे शहर को।

समुन्दर का पानी भी कम ही पड़ेगा,
जो धुलने चले रक्तरंजित नगर को।

सम्हालो ज़रा सिर फिरे नाविकों को,
ये हैं मान बैठे किनारा भँवर को।

मछलियों को कितनी ग़लतफ़हमियाँ हैं,
समझने लगीं दोस्त ख़ूनी मगर को।

दिखा चाँद और ज्वार सागर में आया,
कोई रोक सकता है कैसे लहर को।

बहुत भोलीभाली है सूरत तुम्हारी,
नज़र लग न जाये तुम्हारी नज़र को।

परिन्दों के दिल में मची खलबली है,
मिटाने लगे लोग क्यों हर शजर को।

समन्दर के तूफ़ाँ से वो क्या डरेंगे,
चले ढूँढ़ने हैं जो लालो-गुहर को।

उठो और बढ़ो क्योंकि हमको यक़ीं है,
हमारे क़दम जीत लेंगे सफ़र को।

आधा हिस्सा है आसमानों में

आधा हिस्सा है आसमानों में,
आधा हिस्सा धँसा खदानों में।

अन्न है ही नहीं, दवा भी नहीं,
और सब कुछ भरा दुकानों में।

जिससे उम्मीद थी शराफ़त की,
उसकी गणना है बदज़बानों में।

कोई आपस में बातचीत नहीं,
मौन पसरा है ख़ानदानों में।

झोंपड़ी में सुकून था घर का
नींद आती न इन मकानों में।

गाँव का दर्द जानने निकले,
हुक्मराँ बैठकर विमानों में।

बाढ़ में बह गयी फ़सल सारी,
खेत कुछ बिक गये लगानों में।

कभी सीता-सी लगती हो कभी राधा-सी लगती हो

कभी सीता-सी लगती हो कभी राधा-सी लगती हो
मुझे सौन्दर्य की तुम पूर्ण परिभाषा-सी लगती हो

मैं जिसको सोचता हूँ, चाहता हूँ, प्यार करता हूँ
तुम मेरे मन की उस साकार अभिलाषा-सी लगती हो

जिसे महसूस बहुतों ने किया पर कह नहीं पाये
मुझे उस प्रेम की तुम बोलती भाषा-सी लगती हो

उषा की गुनगुनी किरणों की स्नेहिल सी छुवन सी
तुम निराशा से भरे इस दौर में आशा-सी लगती हो

कभी संस्कृत के श्लोकों-सी, कभी उर्दू ग़ज़ल की-सी
कभी हिन्दी की साहस-शौर्य की गाथा-सी लगती हो

यहाँ-वहाँ से, कहाँ-कहाँ से, तिनके लाती है

यहाँ-वहाँ से, कहाँ-कहाँ से, तिनके लाती है,
कई दिनों से एक बया घोंसला बनाती है।

उसके मन की पीड़ाओं को कौन समझता है,
दुनिया कहती कोयल कितना मीठा गाती है!

चुपके-चुपके माँ, बेटी के भीतर उतर गयी,
माँ-जैसा ही, बेटी को, बेटी समझाती है।

बचपन के दिन, धीरे-धीरे पीछे छूट रहे,
वह ख़ुद से बातें करती, ख़ुद से शरमाती है।

पेट अधम है, चाहे जैसे करम करा ले यह,
वर्ना ज़िल्लत की रोटी कब किसको भाती है।

उसे पता है, वह अपनी पहचान गँवा देगी,
फिर भी नदिया सागर से क्यों मिलने जाती है!

अजनबी को अगर देखें तो अक्सर मुँह छिपाते हैं

अजनबी को अगर देखें तो अक्सर मुँह छिपाते हैं,
झिझकते, झाँकते हैं, ताकते हैं औ लजाते हैं।

किसी दर्पण-सा ही व्यवहार करते हैं ये बच्चे भी,
अगर हम मुस्कराते हैं तो ये भी मुस्कराते हैं।

कभी नज़दीक जाओ तो ये तुमसे दूर भागेंगे,
अगर जाने लगो तो फिर पलटकर ये बुलाते हैं।

न जाने कौन दुलराता है इनको ख़्वाब में आकर,
ये अक्सर नींद में भी मुस्कराते, खिलखिलाते हैं।

यशोदा ने कहा कान्हा से क्यों माखन चुराते हो ?,
कहा कान्हा ने हँसकर हम तो सबका दिल चुराते हैं।

सिपाही ने सुदामा से कहा बस, अब खिसक लो तुम,
तुम्हारे जैसे बड़बोले, यहाँ हर रोज़ आते हैं।

हमारे युग की राधा को न भाते गाय और बछड़े,
उसे अब चमचमाती कार और बँगले लुभाते हैं।

घनी छाया, परिन्दों फूल-फल की कामना करते,
कभी जब नीम, पीपल या अमोला हम लगाते हैं।

तीज, पिड़िया, राखियों, शहनाइयों का प्रश्न है

तीज, पिड़िया, राखियों, शहनाइयों का प्रश्न है,
क़त्ल होती, भय में जीती बेटियों का प्रश्न है।

प्रश्न है कचरे में जीवन ढूँढ़ते बच्चों का भी,
हर तरह असहाय बूढ़ी लाठियों का प्रश्न है।

जंगलों, नदियों, पहाड़ों के निधन का प्रश्न है ही,
अपने घर में पिट रहे वनवासियों का प्रश्न है।

कुछ घरों में भले पिज्जा-बर्गरों का दौर हो,
गाँव-गलियों में अभी भी रोटियों का प्रश्न है।

सिर्फ़ शब्दों तक सिमटकर रह गयी संवेदना,
गुम रहे पशु-पक्षियों का, बोलियों का प्रश्न है।

बैग उठाये सारे बच्चे घर से निकले हैं

बैग उठाये सारे बच्चे घर से निकले हैं,
चहचह करते नये परिन्दे घर से निकले हैं।

हर मम्मी ने इन्हें सजाकर टिफिन सजा दी है,
पप्पी देकर हाथ हिलाते घर से निकले हैं।

चन्दा मामा, खेल-खिलौने पीछे छूट रहे,
प्यारे से मासूम फ़रिश्ते घर से निकले हैं।

नाज़ुक कन्धों पर सपनों के बोझ उठाने हैं,
कुछ चुप-चुप, कुछ रोते-हँसते घर से निकले हैं।

कितने हैं आज़ाद, भगत, गाँधी, सुभाष इनमें,
लेकर कुछ अनबूझ इरादे घर से निकले हैं।

बताऊँ क्या कि तेरे पास में क्या छूट गया

बताऊँ क्या कि तेरे पास में क्या छूट गया,
मैं थोड़ा लौट के आया औं' थोड़ा छूट गया।

ये एक जिस्म है जो साथ में चला आया,
वो एक दिल था ज़रा बावरा-सा छूट गया।

ज़रा तलाश के फुरसत में कभी बतलाना,
जो मेरे पास ख़ज़ाना था, सारा छूट गया।

बड़े हसीन हैं मंज़र तुम्हारी दुनिया के,
नज़र तो साथ है लेकिन नज़ारा छूट गया।

एक तस्वीर है रह-रह के झलक जाती है,
मगर निगाह का जो आसरा था छूट गया।

अपने अस्तित्व को मत भुलाया करो

अपने अस्तित्व को मत भुलाया करो,
हर जगह यूँ न मस्तक झुकाया करो।

मन में चुपके से आ ही गये हो अगर,
मेरे ख़्वाबों में भी आया-जाया करो।

यह अँधेरा मुझे रास आता नहीं,
चाँद मेरे, ज़रा छत पे आया करो।

साज-सिंगार शोभा बढ़ाते नहीं,
नूर से दिल के तुम जगमगाया करो।

प्रेम ईश्वर का अनमोल उपहार हैं,
गर मिला है, तो इसको निभाया करो।

पेड़-पौधे ये धरती के सिंगार हैं,
जितना सम्भव हो इनको सजाया करो।

सिर्फ़ तन की सफ़ाई ही काफ़ी नहीं,
मन के दरिया में डुबकी लगाया करो।

अच्छी तेरी याद लगे

अच्छी तेरी याद लगे;
प्यारा हर संवाद लगे।

फूल भी अच्छा लगता है
लेकिन तेरे बाद लगे।

चाँद से उपमा कैसे दूँ
वह तेरा अनुवाद लगे।

तुमको जब भी सोचूँ तो
हर सू अनहद नाद लगे।

हरदम तूने बाँध लिया
जब पंछी आज़ाद लगे।

हक़ की बातें यूँ मत कर
सुनकर वह फ़रियाद लगे।

चन्द सिक्कों पे बिका प्यार तुम्हें कैसा लगा

चन्द सिक्कों पे बिका प्यार तुम्हें कैसा लगा
मेरे शहर का कारोबार तुम्हें कैसा लगा

वो जिसकी आँख में आँसू थे हँसी होठों पर
उसका वो हुस्न का व्यापार तुम्हें कैसा लगा

एक बचपन जो चुन रहा था सड़क पर टुकड़े
उसके जीने का ये आधार तुम्हें कैसा लगा

तुम्हारी मर्ज़ी है खाओ या सो रहो भूखे
ज़िन्दा रहने का ये अधिकार तुम्हें कैसा लगा

जिसके कन्धों पे टिकी है ये समूची दुनिया
उसका रोता हुआ परिवार तुम्हें कैसा लगा

किसी के दिल में कोई यूँ भी न समा जाये

किसी के दिल में कोई यूँ भी न समा जाये
कि आये याद वह तो आँख छलछला जाये

बन्द आँखों में वही हो खुली किताबों में
दिलो-दिमाग़ पर ऐसे न कोई छा जाए

कभी हों आप किसी और काम में खोये
किसी की याद दिल के तार झनझना जाये

वो जब से दूर है ज़्यादा क़रीब है मेरे
ये ऐसा क्यों है कोई आके ये बता जाये

ये बात अच्छी नहीं है कि जब भी जी चाहे
मुझे तनहाइयों में आके तू रुला जाये

हैं तेरे शब्द मधुर फिर भी बड़े मारक हैं
लगें सटीक तो पत्थर भी चोट खा जाये

फ़ज़ाएँ बुन रही हैं धुन तुम्हारे गीतों की
न जाने कौन सा सुर मन को तेरे भा जाये

ये मन का भेद सारा एक पल में खोल देती हैं

ये मन का भेद सारा एक पल में खोल देती हैं।
तुम्हारे होठ चुप रहते तो आँखें बोल देती हैं।

नज़ाकत उम्र की है या कि है ये हुस्न का जादू
तेरी कमसिन अदाएँ इक नशा-सा घोल देती हैं।

तबस्सुम की जो लहरें हैं लबों पर खेलतीं तेरे
ख़ज़ाना रूप का अनमोल ये बेमोल देती हैं।

निगाहें हैं तेरी या झील में हँसते कमल हैं ये
ये सारा धैर्य-संयम इक नज़र में तोल देती हैं।

जन्म से ही मौत का आतंक मँडराता रहा

जन्म से ही मौत का आतंक मँडराता रहा,
ज़िन्दगी भर कृष्ण का संघर्ष से नाता रहा।

रासलीला ही नहीं की गोपियों के साथ में,
लोकहित अन्याय से हर वक़्त टकराता रहा।

छेड़ना, माखन चुराना तो बहाना मात्र था,
प्रेम था जो दरबदर कान्हा को भटकाता रहा।

नेह था, पीड़ा भी थी, आँसू भी थे, मुस्कान थी,
बाँसुरी में जाने कितने राग वो गाता रहा।

भक्तजन, योगी-यती सब मुक्ति जिससे चाहते,
माँ के हाथों वह ख़ुशी से ख़ुद को बँधवाता रहा।

शान्ति की ख़ातिर मिला अपमान तो वह भी सहा,
धर्म का मन्तव्य वह रण में भी समझाता रहा।

कुछ पलों की मुलाक़ात अच्छी लगी

कुछ पलों की मुलाक़ात अच्छी लगी
जो कही, जो सुनी बात अच्छी लगी।

दिन तो अच्छे लगे मुस्कराते हुए
गुनगुनाती हुई रात अच्छी लगी।

प्यार का जिनमें मीठा-मधुर नीर था
उन घटाओं की बरसात अच्छी लगी।

इसका अंजाम क्योंकर न होगा भला
जिस मुहब्बत की शुरुआत अच्छी लगी।

जीत तो सबको लगती है अच्छी मगर
आप से जब मिली मात अच्छी लगी।

सोच पाता नहीं इसको क्या नाम दूँ
भावनाओं की सौगात अच्छी लगी।

बारूद के बिस्तर पर, अंगार की बातें हैं

बारूद के बिस्तर पर, अंगार की बातें हैं
फूलों की ज़बाँ पर भी, तक़रार की बातें हैं।

ये ज़हर के सौदागर विष वमन किया करते
दुनिया को दिखाने को, सब प्यार की बातें हैं।

सारी ही उँगलियों में हीरे की अँगूठी है
दिन-रात ग़रीबी पर, सरकार की बातें हैं।

सोने के हिरन जब भी सीता को लुभाते हैं
तब राम भ्रमित होते, संहार की बातें हैं।

ये दिव्य नज़र वाले, बैठे हैं जो संन्यासी
कपटी हैं, दिलों में तो परिवार की बातें हैं।

दायित्व समझते कुछ, कुछ काम भी तो करते
हर वक़्त तेरे लब पर अधिकार की बाते हैं।

ये प्यार के पल दो पल, जीवन की कमाई हैं
ये महल अटारी सब, बेकार की बातें हैं।

राग-छन्दों की भी सोचिए

राग-छन्दों की भी सोचिए
मन-तरंगों की भी सोचिए।

सूने-सूने से हैं गाँव-घर
ढप-मृदंगों की भी सोचिए।

ताने-बाने बिखरने लगे
आप रिश्तों की भी सोचिए।

पेड़ सारे हजम हो गये
कुछ परिन्दों की भी सोचिए।

जिनकी जुर्अत बहुत बढ़ गयी
उन दरिन्दों की भी सोचिए।

उम्मीदों भरी ज़िन्दगी के लिए है

उम्मीदों भरी ज़िन्दगी के लिए है
मेरी शायरी रोशनी के लिए है।

नहीं है फ़क़त यह अमीरों की ख़ातिर
ये दुनिया हरेक आदमी के लिए है।

यक़ीं उनकी बातों पे कैसे करें हम
क़सम जिनकी केवल ठगी के लिए है।

नदीं का ख़ज़ाना है सबके लिए पर
पहाड़ों की करुणा नदी के लिए है।

ये सूरज ये चन्दा ये पर्वत ये नदियाँ
ये जंगल सभी की ख़ुशी के लिए है।

सभी के लिए है जगह दिल में लेकिन
ये दिल तो किसी अजनबी के लिए है।

बचाकर बचोगे मिटाकर मिटोगे
ये सन्देश अपनी सदी के लिए है

वो हर पल कह रही पर मेरे भाई क्यों नहीं सुनते

वो हर पल कह रही पर मेरे भाई क्यों नहीं सुनते,
नदी की बेबसी, उसकी दुहाई क्यों नहीं सुनते।

समूचे विश्व की सारी ख़बर तो देख-सुन लेते,
नदी ग़र माँ है, तो माँ की रुलाई क्यों नहीं सुनते।

नदी के नाम पर कितने अरब खाये सपूतों ने,
कहीं दिखती नहीं फिर भी सफ़ाई, क्यों नहीं सुनते।

नदी की दास्ताँ क़िस्से कहानी तक न रह जाये,
बहुत फिर याद आयेगी जुदाई क्यों नहीं सुनते।

वो दिन नज़दीक हैं जब जंग पानी के लिए होगी,
लुटेगी पानी पर सारी कमाई क्यों नहीं सुनते।

हमें सीवान से पहचान कर बाँहें बढ़ाता है

हमें सीवान से पहचान कर बाँहें बढ़ाता है
हमारा गाँव हमको देखते ही खिलखिलाता है।

नमक-रोटी की चिन्ता चैन से जीने नहीं देती
सदा दिल में जो है इन्साँ उसी से दूर जाता है।

कभी अम्माँ नज़र आतीं, कभी दिखते हैं बाबूजी
बया का कोई जोड़ा घोंसला जब भी बनाता है।

मटर में फूल आये हैं निकल आयी हैं फलियाँ भी
सलोना रूप सरसों का बहुत मन को सुहाता है।

वो बूढ़ा पेड़ जिसकी डालियाँ झूला झुलाती थीं
बहुत कमज़ोर है लेकिन मुझे अब भी बुलाता है।

मैं अपने गाँव की यादों में अक्सर डूब जाता हूँ
कहीं ढोलक की थापों पर कोई फगुवा जो गाता है।

हँसाता है मुझको रुलाता है मुझको

हँसाता है मुझको रुलाता है मुझको
मेरा गाँव अक्सर बुलाता है मुझको।

वो सूरज की किरणों में चिड़िया की चह-चह
वो खेतों का मंज़र लुभाता है मुझको।

जो बचपन का घर खँडहर हो गया है
वो ख़्वाबों में अब भी रिझाता है मुझको।

कभी राजा-रानी के, परियों के क़िस्से
कभी गीत मोहक सुनाता है मुझको।

अकेले में जब भीग जाती हैं आँखें
बड़ों की तरह तब मनाता है मुझको।

सभी होते हैं सबके सुख-दुख में शामिल
रवायत की बातें बताता है मुझको।

कोई डोर डालों में उलझी हुई है
कोई बावरा मुँह चिढ़ाता है मुझको।

लहू जब बेचता है तब कहीं वह घर चलाता है

लहू जब बेचता है तब कहीं वह घर चलाता है,
दुखी हैं आज वे करघे जिन्हें बुनकर चलाता है।

हुई हर चीज़ महँगी तब कहा होरी से धनिया ने,
पता करते कि कैसे अपना घर 'गोबर' चलाता है।

फँसी है ज़िन्दगी की बैलगाड़ी विकट दलदल में,
बड़ी मुश्किल से घर-परिवार अब खेतिहर चलाता है।

सदा ग़ैरों के दरवाज़े पे उसका बीतता है दिन,
चलाता था कभी हल आजकल ट्रैक्टर चलाता है

बना है सिर्फ़ शीशे का जो अपने पाँव से सिर तक,
हमेशा दूसरों के घर पे वह पत्थर चलाता है।

निशाना दिल पे ही उसका सदा लगता है आ-आकर,
मेरी जानिब वो अपने तीर हन-हनकर चलाता है।

सलोनी साँवरी की याद आयी

सलोनी साँवरी की याद आयी
किसी कमसिन परी की याद आयी।

जो देखा गुलमुहर को खिलखिलाते
मुझे उस बावरी की याद आयी।

सुनी जब तान बिस्मिल्ला की मैंने
मुझे आसावरी की याद आयी।

मचलती जब कभी गंगा को देखा
किसी गोदावरी की याद आयी।

तुम्हारी चाह में दर-दर भटकती
उसी यायावरी की याद आयी।

मेरी ग़ज़लों ने मुझसे गुफ़्तगू की
तुम्हारी शायरी की याद आयी।

पथ में पत्थर हैं शूल हैं साथी

पथ में पत्थर हैं शूल हैं साथी
फिर भी चलना क़ुबूल है साथी

उनके बच्चे हैं पाउडर की तरह
अपने बच्चे तो धूल हैं साथी

देश को जो मिला है तोहफ़े में
एक काग़ज़ का फूल है साथी

साँप को रस्सियाँ समझते हो
इक ख़तरनाक भूल है साथी

कट रहीं आम की जड़ें अब तो
ख़ूब बढ़ता बबूल है साथी

ज़ुल्म की पत्तियों की चर्चा है
और गहराती मूल है साथी

उसकी कालर पकड़ सको तो चलो
बात करना फ़िज़ूल है साथी

चाँद-तारों से भरी रात भली लगती है

चाँद-तारों से भरी रात भली लगती है
भरा हो पेट तो हर बात भली लगती है

घर में यदि चाय हो चीनी हो दाल-आटा हो
दोस्त-यारों से मुलाक़ात भली लगती है

दर्द में प्यार के दो बोल भले लगते हैं
प्यार में दर्द की सौगात भली लगती है

जिनकी आँखों पे लगे होते हैं हसीं चश्मे
उन्हें तो सारी क़ायनात भली लगती है

ज़िन्दगी ज़ुल्म के साये में कट रही हो तो
जंग भाती है हवालात भली लगती है

कछुए की पीठ पर न शेष-फन पे टिकी है

कछुए की पीठ पर न शेष-फन पे टिकी है
धरती श्रमिक के हाथ पर गर्दन पे टिकी है।

महलों के ऐशबाग में महके हैं जो भी फूल
उनकी महक अवाम के जीवन पे टिकी है।

ये कोठियाँ जो ब्याह की दुल्हन-सी सजी हैं
इनकी चमक ग़रीब के आँगन पे टिकी है।

जर्जर किया है तन को जिन्होंने ख़रीदकर
उनकी निगाह आज तेरे मन पे टिकी है।

उपदेश तो औरों के लिए हैं जनाब के
उनकी नज़र तो भोग और धन पे टिकी है।

मन्दिर की चाह है न ही मस्जिद की चाह है
सबकी ही दृष्टि तख़्त पे शासन पे टिकी है।

कभी शीशा ज़रा-सी खाके ठोकर टूट जाता है

कभी शीशा ज़रा-सी खाके ठोकर टूट जाता है,
इरादे हों अगर पक्के तो पत्थर टूट जाता है।

तनिक नादानियाँ भी हों तो घर ख़ुशहाल रहता है,
सभी चालाक हों घर में तो वो घर टूट जाता है।

ग़रीबों के घरों में आये दिन चूल्हे नहीं जलते,
बहुत अदना-सा भी अरमान अक्सर टूट जाता है।

चुनौती सख़्त मिलती तो मनोबल और बढ़ता है,
चुनौती से मगर घबड़ा के कायर टूट जाता है।

जो लड़ना है तो आगे बढ़के तुम जालिम से टकराओ,
यूँ दीवारों से टकराने से तो सर टूट जाता है।

कभी जुल्मो-सितम से आदमी बेहाल हो जाता
मगर जगती है जब जनता, सितमगर टूट जाता है।

कुल मिलाकर आज तक इतना किया है आपने

कुल मिलाकर आज तक इतना किया है आपने
जोंक बनकर ख़ून लोगों का पिया है आपने

भुखमरी औ जेल लाठी-गोलियों को छोड़कर
देश के मेहनतकशों को क्या दिया है आपने

एक आश्वासन भरी झोली थमा करके हमें
लूटने का हक हमीं से ले लिया है आपने

ठण्ड रातों में ठिठुरते तन से कपड़े छीनकर
कोठियों की सेज मखमल से सिया है आपने

दिल पे रखके हाथ अपने आपसे यह पूछिये
एक पल औरों की ख़ातिर भी जिया है आपने?

उम्मीदों की फ़सल पर हो रहा पथराव अब भी है

उम्मीदों की फ़सल पर हो रहा पथराव अब भी है
लहू पीने का उनके दिल में काफ़ी चाव अब भी है।

तरक़्क़ी पर है अपना मुल्क ऐसा कह रही दिल्ली
यहाँ कंगाल-सा आँसू बहाता गाँव अब भी है।

ये सच है ख़ून में डूबे न दिखते हाथ औ ख़ंजर
बदन पर हर जगह रिसता हुआ यह घाव अब भी है।

हज़ारों उठ रहे तूफ़ान हर पल इस समुन्दर में
मगर हर ज़ुल्म की लहरों से लड़ती नाव अब भी है।

कड़े हैं ख़ौफ़ के पहरे, पड़ी हैं बेड़ियाँ लेकिन
हरेक आफत में बढ़ता जा रहा हर पाँव अब भी है।

ये न पूछो कि उम्र किस तरह गुज़ारी है

ये न पूछो कि उम्र किस तरह गुज़ारी है
आग पे पाँव हैं गर्दन पे लगी आरी है।

अपने साये में लुटेरों को शरण देती है
रोशनी की ये अँधेरों से कैसी यारी है।

प्यार की आग तो दिल में है सुलगती लेकिन
पेट की आग से वह बार-बार हारी है।

कल थीं इस ठौर मजूरों की कई झोंपड़ियाँ
आज जिस जगह खड़ी सेठ की अटारी है।

कितने वादों की गयीं रोज़ सज के बारातें
कामनाएँ हमारी आज भी कुँवारी हैं।

दर्द जब आक्रोश बन जाये तो समझो ठीक है

दर्द जब आक्रोश बन जाये तो समझो ठीक है
यह हवा कुछ और गरमाये तो समझो ठीक है

हाथ में छाले हैं सबके होठ मुरझाये हुए
भीड़ लश्कर में बदल जाये तो समझो ठीक है

जो घरों से झाँकता है और थम जाता है फिर
जब वो सड़कों पर निकल आये तो समझो ठीक है

ख़ुद के जनमाए हुए भस्मासुरों के जाल में
यह हुकूमत और फँस जाये तो समझो ठीक है

धन कुबेरों की ख़ुशामद गिड़गिड़ाहट छोड़कर
हाथ मुट्ठी बनके लहराये तो समझो ठीक है

जो हैं ग़मगीन उनको मैं हँसाने की जुगत में हूँ

जो हैं ग़मगीन उनको मैं हँसाने की जुगत में हूँ
नयी इक वर्णमाला मैं बनाने की जुगत में हूँ।

जो सबकी पीठ पर चढ़कर बहुत ऊँचे हुए जाते
मैं धोबीपाट से उनको गिराने की जुगत में हूँ।

बिछाते जाल आये आज तक शातिर शिकारी जो
उन्हीं के जाल में उनको फँसाने की जुगत में हूँ।

ये लुक-छुप कर लड़ाई अब मुझे अच्छी नहीं लगती
मैं खुलकर सामने से आज़माने की जुगत में हूँ।

अभी तक जंगलों, गाँवों में वे हाँका लगाते थे
समर का मैं मगर डंका बजाने की जुगत में हूँ।

शान्ति का शासन यहाँ पर शान से चलता रहा

शान्ति का शासन यहाँ पर शान से चलता रहा
और उसकी कोख में ज्वालामुखी पलता रहा

हम घरों में मानसूनों की ख़बर सुनते रहे
और ज़िन्दा जिस्म सारे देश का जलता रहा

अनगिनत हाथों व पैरों से ज़मीं को रौंदता
ज़ुल्म का बरगद यहाँ पर फूलता-फलता रहा

शक्ति का उद्घोष तो अपनी सदा करते रहे
किन्तु तिल-तिल कर तेरा सारा बदन गलता रहा

आँधियाँ उट्ठीं बहुत तूफ़ान भी आये गये
पर घरों में रात भर नन्हा दिया जलता रहा

कुछ लजाती कुछ डरी बातें बहुत अच्छी लगीं

कुछ लजाती कुछ डरी बातें बहुत अच्छी लगीं
कुछ पलों की वो मुलाक़ातें बहुत अच्छी लगीं

जो तुम्हारी ही तरह सुन्दर थीं प्यारी थीं बहुत
गुनगुनाती चाँदनी रातें बहुत अच्छी लगीं

आँख ने होठों ने कुछ-कुछ, कुछ इशारों ने किया
कुल मिलाकर के वो शुरुआतें बहुत अच्छी लगीं

बैठे-बैठे प्यार के झूले में घण्टों झूलना
कल्पनाओं में वो बारातें बहुत अच्छी लगीं

मेरे तन-मन में जिन्होंने इक नशा-सा भर दिया
साथ में तेरे वो बरसातें बहुत अच्छी लगीं

छेड़ना, छिपना, रिझाना, रीझकर वो देखना
वो नज़ाकत से भरी बातें बहुत अच्छी लगीं

प्यार की नफ़रत की चाहे दर्द की ही क्यों न हों
तूने जो भेजीं वो सौगातें बहुत अच्छी लगीं

डरते-डरते दिन बीता फिर सहमी-सहमी शाम हुई

डरते-डरते दिन बीता फिर सहमी-सहमी शाम हुई
एक झोंपड़ी की इज़्ज़त कुछ सिक्कों पर नीलाम हुई।

दबे पाँव से भीतर घुसकर बाज झपट्टा मार गया
एक और चिड़िया की उड़ने की कोशिश नाकाम हुई।

थाने में है चहल-पहल मुर्ग़ा-शराब की दावत है
बुधिया के ग़ायब होने की जब से चर्चा आम हुई।

खुसुर-फुसुर फिर आज हो रही मालिक के घर के पीछे
भौंक रहे आवारा कुत्ते सबकी नींद हराम हुई।

आज कहर किस पर टूटेगा सोच रहे सब लोग यही
चन्द भेड़ियों के कारण पूरी बस्ती बदनाम हुई।

बन्द होठों की कभी बेबसी नहीं समझा

बन्द होठों की कभी बेबसी नहीं समझा
हमारी ज़िन्दगी को ज़िन्दगी नहीं समझा

कभी देवी कभी परी कभी दासी समझा
कभी किसी ने हमें आदमी नहीं समझा

जली हैं रोज़ अँधेरों में दीप की लौ-सी
मगर किसी ने हमें रोशनी नहीं समझा

कभी माया कभी बन्धन कभी अधम माना
कभी किसी ने हमें चाँदनी नहीं समझा

उठो कि आग दिलों की जलें मशालों में
तीर की चोट शिकारी कभी नहीं समझा

ज़िन्दगी से जूझता ईमान का दामन मिला

ज़िन्दगी से जूझता ईमान का दामन मिला
ज़ख़्म खाया तन मिला और तिलमिलाया मन मिला।

होटलों की प्लेट में तक़दीर अपनी खोजता
बेवजह पिटता हुआ मनहूस-सा बचपन मिला।

चिलचिलाती दोपहर में कँपकँपाती रात में
बैल-घोड़ों-सा जुता इन्सान का जीवन मिला।

ऊँघती ढिबरी की लौ में डबडबायी आँख ले
हाथ रखे पेट पर मज़दूर का आँगन मिला।

कोठियों के पाँव धोता, बरगदों को सींचता
झोंपड़ी पर कहर बरपाता हुआ सावन मिला।

श्वेत आदमखोर भालू-भेड़िये रहते जहाँ
राजधानी में चमकते पत्थरों का वन मिला।

मौत दिल्ली में हुई तो देश की माँ मर गयी
लोग लाखों जब मरे तो सिर्फ़ आश्वासन मिला।

खिलौनों को पकड़ना जानते हैं

खिलौनों को पकड़ना जानते हैं,
ये बच्चे हँसना-रोना जानते हैं।

अभी सीखी नहीं दुनिया की भाषा,
मगर चेहरों को पढ़ना जानते हैं।

नहीं आता है बिस्तर से उतरना
मगर दिल में उतरना जानते हैं।

फ़क़त माँ जानती है इनके मन को,
ये माँ से बात करना जानते हैं।

हँसी का हँस के ही देते हैं उत्तर
ख़ुशी का रंग भरना जानते हैं।

वो जो फूलों की तरह प्यारा था

वो जो फूलों की तरह प्यारा था,
उसकी आँखों में सिर्फ़ पैसा था।

वो मुझे जैसे जानता ही नहीं,
जिस पे हर वक़्त मेरा साया था।

आज लहरा के सामने आया,
जो मेरी आस्तीं में बैठा था।

आज कहते हो तुमको प्यार नहीं,
वो जो पहले कहा था, वो क्या था।

तुम भी औरों की तरह ही निकले,
तुम पे ख़ुद से अधिक भरोसा था।

पड़ गया अब वो जान के पीछे,
जिसको साँसों की तरह चाहा था।

वे चाहते हैं हुस्न की, फूलों की बात हो

वे चाहते हैं हुस्न की, फूलों की बात हो,
मैं चाहता हूँ गाँव-बबूलों की बात हो।

छल हो चुका बहुत है उजालों के नाम पर,
ईमान का हो ज़िक्र उसूलों की बात हो।

सूरज की हर किरन कहाँ आकर ठहर गयी,
उन कारणों की बात हो, भूलों की बात हो।

हम फाग औ चैता के गीत भूल रहे हैं,
कजरी की बात हो ज़रा झूलों की बात हो।

सभी के दर्द शब्दों में पिरो ले

सभी के दर्द शब्दों में पिरो ले
मैं बोलूँ तो हमारा वक़्त बोले।

क़लम में शक्ति इतनी चाहता हूँ,
हमारे युग की चाहत आँख खोले।

घरों में सबके ख़ुशबू फैल जाये,
किसी दिन तो हवा ऐसी भी डोले।

बड़े निष्ठुर, बड़े कर्कश समय में,
तुम्हारा स्वर शहद कानों में घोले।

जिसे उड़ना असम्भव हो गया है,
वो भी परवाज़ को अब पंख तोले।

हँसूँ तो हँस उठे ब्रह्माण्ड सारा,
रुदन का ज्वार दुनिया को डुबो ले।

सितमगर भले लाख मगरूर होगा

सितमगर भले लाख मगरूर होगा,
बवण्डर उठेगा, नशा चूर होगा।

इन्हीं धुंधलकों में छिपी हैं उम्मीदें,
दियों को अँधेरा न मंज़ूर होगा।

ज़रा बैठकर अपने दिल को टटोलो,
तुम्हारे ही भीतर कहीं नूर होगा।

इसी नर्म माटी से फूटेंगे अंकुर,
ये संसार ख़ुशियों से भरपूर होगा।

तिमिर रोक पायेगा सूरज को कब तक,
नहीं अब सवेरा बहुत दूर होगा।

तूने लिक्खे मीन खंजन कमल से प्यारे नयन

तूने लिक्खे मीन खंजन कमल से प्यारे नयन
हमने देखे हैं हज़ारों दर्द के मारे नयन

तीर चलने भी न पाते टूट जातीं डोरियाँ
हो गये हैं आज ऐसे विवश बेचारे नयन

चार पैसे चार दाने चार रोटी के लिए
दर-ब-दर दिन भर भटकते हैं ये बंजारे नयन

आँसुओं में डूब जाती हैं हमारी बस्तियाँ
जब बरस जातें हैं बेमौसम ही दुखियारे नयन

उनके बारे में बतावें आपकी क्या राय है
कोठियों से झाँकते हैं जो थके-हारे नयन

जब कभी उजड़ा नशेमन जब कहर बरपा हुआ
तब दहक उट्ठे हैं बनकर सुर्ख अंगारे नयन

अंकुरित होने से बढ़ने से मुस्कराने से

अंकुरित होने से बढ़ने से मुस्कराने से
किसने रोका कभी फूलों को महमहाने से

आँधियों की रही कोशिश दिये बुझाने की
पर कहाँ रोक सकीं लौ को टिमटिमाने से

आदमी हारता नहीं है मुश्किलों से कभी
हार जाता है इरादों के डगमगाने से

अनेक बार बनाया है निशाना फिर भी
किसने रोका है परिन्दों को चहचहाने से

मन में कालिख हो अगर आँख में बुराई हो
मैल धुलती नहीं गंगा में भी नहाने से

कौन चुपचाप मेरे साथ-साथ चलता है
ये कौन है जो भूलता नहीं भुलाने से

सुना भी हमने, ये देखा भी है जाना भी है
सीख पा जाता है इन्सान चोट खाने से

घर के आँगन में ज्यों किलकारियाँ ज़रूरी हैं

घर के आँगन में ज्यों किलकारियाँ ज़रूरी हैं
उसी तरह घरों में बेटियाँ ज़रूरी हैं।

कहीं वीरान न हो जाये धरा फूलों से
ये खिलखिलाती हुई लड़कियाँ ज़रूरी हैं।

निकल पड़े हैं आज फ़ौज सजाकर फिर वो
इधर भी जंग की तैयारियाँ ज़रूरी हैं।

सवाल इन दिनों उठने लगा है जंगल से
आदमी के लिए क्या आरियाँ ज़रूरी हैं?

हरेक चीज़ जो मिल जाये तो बहुत अच्छा
मगर अभी तो चन्द रोटियाँ ज़रूरी हैं।

चाँद गर दूर ही रहे तो है भला उसका
तेरे लबों की करीं तितलियाँ ज़रूरी हैं।

आदमी इक मशीन में बदल न जाये कहीं
जहाँ में हुस्न की रानाइयाँ ज़रूरी हैं।

बहुत ज़रूरी हैं चालाकियाँ मगर प्यारे
कभी-कभी ज़रा नादानियाँ ज़रूरी हैं।

ख़ुद से मिलने के लिए, सबको समझने के लिए
कभी दूरी, कभी तनहाइयाँ ज़रूरी हैं।

ज़मीं की फ़िक्र करो आसमान से पहले

ज़मीं की फ़िक्र करो आसमान से पहले,
प्रेम का पाठ हो गीता-क़ुरान से पहले।

तुम्हारे दर पे कोई दे रहा सदा कब से,
सुनो ग़रीब की तुम ध्यान-ज्ञान से पहले।

जगह तो कम थी मगर प्यार से भरी थी वह,
जो झोंपड़ी थी तुम्हारे मकान से पहले।

हवा में ज़हर न घुलता न नफ़रतें होतीं,
यक़ीन आँख पर करते जो कान से पहले।

जुदा है उसकी जलेबी का स्वाद हर इक से,
वो जो गुमटी है उस ऊँची दुकान से पहले।

ये कह दो आँधियों से ख़ूब लगा लें ताक़त
मशाल बुझ न सकेगी बिहान से पहले।

वो शख़्स हर तरह से जो धनवान बहुत था

वो शख़्स हर तरह से जो धनवान बहुत था,
सच ये था कि भीतर से परेशान बहुत था।

सबसे अमीर शख़्स भी दुनिया से चल बसा,
बैठे कई हकीम थे, सामान बहुत था।

लफ़्ज़ों में थी मिठास, नफ़ासत थी, हँसी थी,
घर में पता चला कि वो हैवान बहुत था।

बाहर बहुत था शोर, बहुत भीड़ थी मगर,
भीतर ज़रा-सा देखा तो सुनसान बहुत था।

पैरों से अपने चल नहीं सकता वो आदमी
एक उम्र में सुनते हैं, जो बलवान बहुत था।

वह भूख है जो स्वाद बढ़ा देती है सबका,
यह जानकर इक बादशाह हैरान बहुत था।

घिरे गाँव लपटों में जलता शहर है

घिरे गाँव लपटों में जलता शहर है,
हमारा समय आग का इक सफ़र है।

शजरहीन जंगल, ख़तम होते पर्वत,
नदी जल की प्यासी, हवा में ज़हर है।

ग़रीबों की फ़रियाद सुनता न कोई,
कहीं ग़र है इंसाफ़ तो फिर किधर है।

मनाते रहे हम दशहरा-दिवाली,
मगर जिस तरफ़ देखो रावण उधर है।

कहीं भी न महफ़ूज हैं बेटियाँ अब,
सिहरती हैं गलियाँ, फ़ज़ाओं में डर है।

वेद की एक पावन ऋचा की तरह

वेद की एक पावन ऋचा की तरह
प्रेम की इक मधुर कल्पना की तरह।

चाँद पूनम का कुछ-कुछ लजाता हुआ,
लग रहीं तुम किसी अप्सरा की तरह।

चाँद सूरज सितारे चकित हैं सभी,
हो विधाता की नव सर्जना की तरह।

सारे जन्मों का तप ज्यों फलीभूत हो,
एक साकार होती दुआ की तरह।

यह कशिश, यह लताफ़त, ये रानाइयाँ
यह नज़ाकत किसी दिलरुबा की तरह।

ये अन्तिम पल में पत्ते खोलती है

ये अन्तिम पल में पत्ते खोलती है,
बहुत हद हो तो धरती डोलती है।

कोई शातिर इसे उल्लू न समझे,
ये जब भी बोलती है, बोलती है।

झुका देती है पलड़ा एक पल में,
बहुत चुपचाप जनता तोलती है।

उबल जाता है पानी शीत में भी,
नदी जब दर्द अपना घोलती है।

गुनगुनाती हुई अप्सरा की तरह

गुनगुनाती हुई अप्सरा की तरह,
कोई आया है ताज़ा हवा की तरह।

रूप आँखों में जो यक-ब-यक बस गया,
धीरे-धीरे चढ़ा वह नशा की तरह।

एक दिन की जुदाई का ये हाल है,
मुझको लगता है हर पल सज़ा की तरह।

पास आया तो शैतान लगने लगा,
दूर से जो लगा देवता की तरह।

हमने देखा है हर मोड़ पर, नेकियाँ
साथ देती हैं, माँ की दुआ की तरह।

गाँव में और सब कुछ तो मिलता ही है,
प्यार भरपूर मिलता नफ़ा की तरह।

देख बच्चों को लगती है माँ की ख़ुशी,
मुझको चारा खिलाती बया की तरह।

रात-दिन हैं किसान खेतों में

रात-दिन हैं किसान खेतों में
उनका सारा जहान खेतों में।

ज़िन्दगानी यहीं समर्पित है,
सारी पूजा-अज़ान खेतों में।

सरहदों पर है ध्यान सेना का,
इनकी बसती है जान खेतों में।

सारे सपनों की हद यहीं तक है,
मन की सारी उड़ान खेतों में।

दाना-दाना लुटा के ख़ुश होते,
मान खेतों में, शान खेतों में।

मेघ रूठे हैं, चढ़ गया डीज़ल,
और रोते हैं धान खेतों में।

दौर संघर्ष के कई आये,
हैं लहू के निशान खेतों में।

फिर सियासत जंगलों की ओर बढ़ती जा रही है

फिर सियासत जंगलों की ओर बढ़ती जा रही है,
एक नागन दिल पे सबके बैठकर लहरा रही है।

कुछ पलों के बाद क्या होगा सिहरता सोचकर मैं,
एक हिरन के मेमने को शेरनी दुलरा रही है।

इस हुकूमत की ज़ुबाँ पर हो भला क्यों कर यक़ीन,
बात तो की थी गुलों की, गोलियाँ बरसा रही है।

क्या हुआ कि चाँदनी में जिस्म अब जलने लगे हैं,
यह अजब बारिश हमें तेज़ाब से नहला रही है।

तीन चौथाई बदन है खोल रखा शौक़िया ही,
देखिए लोगों के आगे किस तरह शरमा रही है।

मीठा-सा एक दर्द है, हलचल जिगर में है

मीठा-सा एक दर्द है, हलचल जिगर में है,
कुछ ख़ास तो ज़रूर तुम्हारी नज़र में है।

आँखों में इन्द्रजाल है, ज़ुल्फ़ों में बदलियाँ,
फूलों का रस, गुलाब की लाली अधर में है।

कुछ दिन से अपना दिल भी तो अपना नहीं रहा,
हर वक़्त बेक़रार है, हर पल भँवर में है।

मन है सवार हर घड़ी सपनों के पंख पर,
दिन-रात उड़ रहा किसी मायानगर में है।

हैरान चाँदनी है, परेशान कहकशाँ,
इक चाँद आसमान में, इक चाँद घर में है।

परदे में रहके सब की निगाहों में है वही,
ख़ामोश है वो फिर भी हमेशा ख़बर में है।

सागर के भीतर ज्यों शोला रहता है

सागर के भीतर ज्यों शोला रहता है,
मुझमें कोई बागी बैठा रहता है।

संकल्पों में सृष्टि समाहित होती है,
बूँद के भीतर जैसे दरिया रहता है।

अक्सर ऊँचे भव्य महल में देखो तो,
चोर-उचक्का, ऐरा-ग़ैरा रहता है।

बाबाओं के मन में अक्सर पाओगे,
पैसा-वैसा, गाड़ी-बँगला रहता है।

इसीलिए मैं हरदम ताज़ा दिखता हूँ
मेरे मन में कोई बच्चा रहता है।

अक्सर उनके वारिस दुर्योधन होते,
जिस नगरी का राजा अन्धा रहता है।

गन्दी है, पर कहिए निर्मल गंगा है

गन्दी है, पर कहिए निर्मल गंगा है,
कहते रहिए देश भला है, चंगा है।

भाँति-भाँति के रोज़ नंगई करता पर,
यह मत कहिए अपना राजा नंगा है।

बनता है वह अक्सर महफ़िल की शोभा,
गाँव-मुहल्ला कहता जिसे लफंगा है।

एक बार नेता जन को स्वामी कहते,
पाँच साल वह जन रहता भिखमंगा है।

उसकी चाहत है केवल सत्ता-वैभव,
उसकी पूँजी केवल नफ़रत-दंगा है।

चाल-चलन की बातें वह अक्सर करता,
चाल-ढाल लेकिन उसका बेढंगा है।

कभी लोरी, कभी फगुवा का मीठा स्वाद है कविता

कभी लोरी, कभी फगुवा का मीठा स्वाद है कविता,
लहू में बह रहा दिन-रात अन्तर्नाद है कविता।

किसी के वास्ते कविता हँसी है, मौज-मस्ती है,
हमारे वास्ते मज़लूम से संवाद है कविता।

अँधेरों में मशालों की तरह ही शब्द जलते हैं,
कहीं भी ज़ुल्म हो, उसका मुखर प्रतिवाद है कविता।

मशीनी दौर ने, बाज़ार ने चाहा मिटाना पर,
दिलों में हर किसी के आज भी आबाद है कविता।

मुनादी थी हुई अब अन्त कविता-गीत का होगा,
मगर लय-छन्द से भरपूर ज़िन्दाबाद है कविता।

कहीं तलाक़ कहीं अग्नि परीक्षाएँ हैं

कहीं तलाक़ कहीं अग्नि परीक्षाएँ हैं
आज भी इन्द्र हैं गौतम हैं अहल्याएँ हैं।

प्यार की राह में दुष्यन्त जिन्हें छोड़ गये
भटकती फिर रहीं वन-वन शकुन्तलाएँ हैं।

कल थी मैं द्रोपदी पर आज शाहबानो हूँ
हमारे साथ रोज़ छल है, वंचनाएँ हैं।

ये जो मासूम पल रहे हैं यहाँ लव-कुश से
हमारे युग की ये सीता की तमन्नाएँ हैं।

क़दम-क़दम पे यहाँ बेड़ियाँ हैं पहरे हैं
हरेक साँस पर प्राचीन अर्गलाएँ हैं।

ये ब्याह-शादियाँ हैं खेल गुड्डे-गुड़िया के
कहीं भी हाँक दो खूँटे की बँधी गायें हैं।

एक तरफ़ दहकता तन्दूर है स्वागत में खड़ा
एक तरफ़ विश्व सुन्दरी की घोषणाएँ हैं।

हौसले हो रहे बुलन्द बँध रही मुट्ठी
रफ़्ता-रफ़्ता ये गर्म हो रही हवाएँ हैं।

अग्निधर्मा चेतना विश्वास तो क़ायम रहे

अग्निधर्मा चेतना विश्वास तो क़ायम रहे,
मन में जीने की कशिश औ प्यास तो क़ायम रहे।

सच के हिस्से सूलियाँ आती रहीं हर दौर में
फिर भी सच-ईमान के इतिहास तो क़ायम रहे।

आँधियों ने यूँ तो सब बरबाद कर डाला मगर
कुछ बड़े वैसे ही थे कुछ ख़ास तो क़ायम रहे हैं।

हैं हज़ारों मुश्किलें पर आओ कुछ ऐसा करें
सबके होठों पर तनिक-सा हास तो क़ायम रहे।

दूर है हमसे अभी पर पास आयेगा कभी
कल्पनाओं में मधुर मधुमास तो क़ायम रहे।

तुमको जाना है तो जाओ पर कुछ इस अन्दाज़ से
लौट कर आओगे यह एहसास तो क़ायम रहे।

जिसने बिछाये राह में अंगार शुक्रिया

जिसने बिछाये राह में अंगार शुक्रिया।
हरदम बिखेरे जिसने ख़ारजार शुक्रिया।

काँटों से गुज़रते हुए कुछ फूल भी मिले
ऐ ज़िन्दगी की मुश्किलो सौ बार शुक्रिया।

देता है यहाँ कौन उम्र भर किसी का साथ
पल भर को सही जिससे मिला प्यार शुक्रिया।

तेरी तड़प में जीने की हसरत बनी रही
करता रहूँगा तेरा इन्तज़ार शुक्रिया।

ऐ देश की धरती ओ मेरे गाँव की मिट्टी
तूने किया हरदम मेरा सिंगार शुक्रिया।

कितना भी उड़ूँ लौटकर आऊँगा तेरे पास
छोड़ूँगा तेरी गोद में संसार शुक्रिया।

प्यार मुझसे नहीं है अगर आपको...

प्यार मुझसे नहीं है अगर आपको, बात करती हैं क्यों प्रेमिका की तरह,
मेरे ख़्वाबों में अक्सर उतरती हैं क्यों, गुनगुनाती हुई अप्सरा की तरह।

मेरा हर शब्द लगता है जादू-भरा, मेरी हर बात लगती भली आपको,
मैं नहीं हूँ कन्हैया अगर आपका, मुझसे मिलती हैं क्यों राधिका की तरह।

चाँद-तारों में बस आप ही आप हैं, मैंने फूलों में देखी हँसी आपकी,
साधना के सुफल-सी मिली हैं मुझे, सिद्ध श्रुतियों की पावन ऋचा की तरह।

आप थीं सिन्धु-मन्थन से निकली कभी, आप ही के लिए फिर स्वयंवर हुआ,
आप ही को फ़क़ीरों ने आवाज़ दी, आप ही को सुना प्रार्थना की तरह।

एक दिन भी अगर मिल न पाती ख़बर, बढ़ने लगती हैं क्यों दिल की बेताबियाँ,
मन से मन का अगर कोई नाता नहीं, क्यों तड़पता है पागल हवा की तरह।

आपको चाँदनी में निहारा सदा, भोर की हर किरन में दिखीं आप ही,
कोकिला के स्वरों में सुना आपको, आरती के दिये में शिखा की तरह।

नेह-नाता निभाना तुम्हें आ गया

नेह-नाता निभाना तुम्हें आ गया,
यानी ख़्वाबों में आना तुम्हें आ गया।

जो बताने में अल्फ़ाज़ बेबस लगे,
आँखों-आँखों बताना तुम्हें आ गया।

थोड़ा कहना, ज़रा अनकहा छोड़ना,
ढंग यह शायराना तुम्हें आ गया।

पंखुड़ी-पंखुड़ी पर तुम्हारी हँसी,
बेसबब खिलखिलाना तुम्हें आ गया।

सादगी में क़यामत की जादूगरी,
और दिल में समाना तुम्हें आ गया।

भोर की चहचहाती किरन की तरह,
गन्ध बन गुनगुनाना तुम्हें आ गया।

याद रहते हुए भूलने की अदा,
ख़ूबसूरत बहाना तुम्हें आ गया।

आ गया मौन रह बोलने का हुनर,
फिर निगाहें झुकाना तुम्हें आ गया।

धीरे-धीरे हुआ इश्क़ का यह असर,
मुस्कराकर लजाना तुम्हें आ गया।

देखकर भी नहीं देखने की अदा,
और नींदें चुराना तुम्हें आ गया।

मेरे घर का पता तुमको किसने दिया,
बेझिझक आना-जाना तुम्हें आ गया।

❑❑